Albert Kiekebusch

Der Einfluss der römischen Kultur auf die germanische im Spiegel der Hügelgräber des Niederrheins

Nebst einem Anhang: Die absolute Chronologie der Augenfibel

Albert Kiekebusch

Der Einfluss der römischen Kultur auf die germanische im Spiegel der Hügelgräber des Niederrheins

Nebst einem Anhang: Die absolute Chronologie der Augenfibel

ISBN/EAN: 9783955640491

Auflage: 1

Erscheinungsjahr: 2013

Erscheinungsort: Bremen, Deutschland

@ EHV-History in Access Verlag GmbH, Fahrenheitstr. 1, 28359 Bremen. Alle Rechte beim Verlag und bei den jeweiligen Lizenzgebern.

Studien und Forschungen zur Menschen-
und Völkerkunde
unter wissenschaftlicher Leitung von Georg Buschan
III

Der Einfluss der römischen Kultur auf die germanische
im Spiegel der
Hügelgräber des Niederrheins

Nebst einem Anhang:
Die absolute Chronologie der Augenfibel

Von

Dr. Albert Kiekebusch

Stuttgart
Verlag von Strecker & Schröder
1908

Meiner lieben Frau gewidmet

Inhalt.

	Seite
Einleitung	1
1. Bedeutung der Frage nach dem Einfluss der römischen Kultur	1
2. Der gegenwärtige Stand der Frage	5
3. Fehlerquellen	6
4. Import	8
5. Sprachliche Rückschlüsse	11
I. Quellen und Methode	14
a) Alte Schriftsteller	14
b) Ausgrabungsberichte	14
c) Museen und Sammlungen	16
d) Die Chronologie der römischen Kaiserzeit	18
e) Provinzialrömische Kultur	22
II. Die niederrheinischen Hügelgräber	27
1. Die Einheitlichkeit der niederrheinischen Hügelgräber	31
a) Anzahl und Ausdehnung der Hügelgräberfelder	32
b) Grabanlage	34
c) Inhalt der Hügel	35
2. Keramik	36
a) Technik	37
b) Färbung	38
c) Form der Gefässe	38
d) Ornamente	42
3. Die Chronologie der Hügelgräber	43
a) Beziehungen zur Hallstattzeit	44
b) Beziehungen zur La Tène-Zeit	46
c) Beziehungen zur Kaiserzeit	49
4. Die ethnologische Stellung der Hügelgräber	55
a) Kelten oder Germanen	55
b) Tacitus' Germania c. 27	60
c) Tacitus' Germania c. 2	63
5. Die Hügelgräberkultur und der römische Einfluss	64
6. Die germanische Keramik und die „belgische Technik"	66
Die zukünftigen Aufgaben der Hügelgräberforschung am Niederrhein	67
Anhang	68
Die absolute Chronologie der Augenfibel	68
Anmerkungen	81
Tafel I	41
Tafel II	77

Einleitung.

1. Bedeutung der Frage nach dem Einfluss der römischen Kultur.

Die Frage nach dem Einfluss der römischen Kultur auf die Germanen ist eine der wichtigsten, aber zugleich auch eine der schwierigsten Fragen frühgeschichtlicher Forschung. Historiker, klassische Archäologen, Sprachforscher und Prähistoriker haben unausgesetzt Scharfsinn und Gelehrsamkeit aufgeboten, um eine befriedigende Antwort zu geben. Im heftigen Widerstreit der Meinungen ist es zwischen den Vertretern einzelner Disziplinen nicht selten zu harten Auseinandersetzungen gekommen. Unfruchtbar sind diese wissenschaftlichen Kämpfe selbstverständlich nicht gewesen; aber an eine auch nur einigermassen anerkannte Lösung der Aufgabe war nicht zu denken.

Die Berichte der alten Schriftsteller — so hoch wir sie auch einschätzen mögen — sind gar zu karg und gar zu lückenhaft; dazu bedürfen sie stets der Nachprüfung, auch in den Fällen, wo wir voraussetzen dürfen, sie richtig interpretiert zu haben.

Die Archäologie interessierte sich lange Zeit hindurch ausschliesslich für die Erzeugnisse der klassischen Völker des Altertums und konnte von diesem einseitigen Standpunkte aus unmöglich ein klares Bild von der Beeinflussung der germanischen Kultur durch die römische gewinnen.

Dass aber blosse „sprachliche Rückschlüsse" oftmals in die Irre führen, hat Herr Professor Dr. Kossinna, der selber Sprachforscher gewesen ist, mehrfach nachgewiesen, besonders nachdrücklich in dem Kasseler Vortrage über „die vorgeschichtliche Ausbreitung der Germanen in Deutschland" (Zeitschrift des Vereins für Volkskunde [1896] 1 ff.) gegen O. Schrader und auch gelegentlich der Kritik der ersten Hälfte des vierten Bandes der deutschen Altertumskunde von Müllenhoff [1 u. 2]. Kossinna selbst hat „die germanische Altertumskunde wieder voll auf den Boden der Archäologie gestellt".

Die Prähistorie war bis dahin leider zu lange auf zwar eifrige und verdiente, aber nicht immer mit weitem Blick begabte Lokalforscher angewiesen, die durch geradezu aus der Luft gegriffene Hypothesen das Ansehen der „Topfwissenschaft" in Misskredit brachten. Immerhin aber haben sich begeisterte Altertumsfreunde auch während jener kritischen Zeit im stillen ein unschätzbares Verdienst erworben durch Herbeischaffung eines dem Boden abgewonnenen Materials, an dem heute niemand, der in diesen Fragen gehört werden will, vorübergehen darf, eines Materials, an dessen Bearbeitung die Wissenschaft noch unabsehbare Jahrzehnte zu tun haben wird. Mittlerweile haben sich die Prähistoriker aus Irrungen und Wirrungen emporgearbeitet und ihren Platz an der Sonne erobert, den ihnen niemand mehr streitig machen kann und im Ernste auch niemand mehr streitig machen will.

Das Geheimnis dieses Aufschwunges der jüngsten Wissenschaft, das übrigens auch auf die klassische Archäologie eingewirkt und ihr mächtige neue Impulse verliehen hat, liegt in der richtigen Wertschätzung der Typologie und vor allem der Chronologie. Diese namentlich von schwedischen Forschern in ihrer ausserordentlich hohen Bedeutung klar erkannten Hilfsmittel einer wahrhaft wissenschaftlichen Archäologie werden seit längerer Zeit auch von deutschen Gelehrten mit eiserner Konsequenz gehandhabt, und der Erfolg ist nicht ausgeblieben.

Ungefähr gleichzeitig mit dem eben behandelten Fortschritt entwickelte sich die Ausgrabungstechnik zu ungeahnter Vollkommenheit. Die systematisch betriebenen Ausgrabungen am römischen Grenzwall im Verein mit den Ausgrabungen einiger grösserer und kleinerer Museen haben eine neue Methode geschaffen, die sichere Resultate erzielt. Bei Bearbeitung der Limesfrage war dem Spaten zugleich Gelegenheit gegeben, seine hohe Bedeutung für die Lösung derartiger Probleme zu erweisen[3]. Was aus alten Schriftstellern bisher nicht zu entscheiden war, das entschied er in wenigen Jahren. In allen Hauptpunkten sehen wir heute vollkommen klar. Irrtümer, die durch Generationen fortgeerbt waren, wurden aufgedeckt; auch durch Alter und Gewohnheit lieb gewordene Anschauungen wurden unbarmherzig zerstört. Die Saalburg ist nun kein Drususkastell mehr. Sie ist weder das „φρούριον ... ἐν Χάττοις παρ' αὐτῷ τῷ Ῥήνῳ"[4] noch das „praesidium in monte Tauno"[5]. Auf diese Weise hat auch die Geschichtswissenschaft einsehen müssen, welche Fülle von Aufschlüssen sie von der Archäologie erwarten darf, welche Fülle von kulturhistorischem Material auch die deutsche Erde birgt. — Die bahnbrechenden Meister der neuen Ausgrabungsmethode haben zugleich von Grund aus aufgeräumt mit Vorurteilen und Fehlern der alten Schule. Heute gräbt man nicht mehr nur, um „schöne Urnen" im Museum zur Schau aufstellen zu können. Heute weiss man, dass unscheinbare Scherben oft mehr oder wenigstens ebensoviel erzählen wie ein vollständig erhaltenes Gefäss, dass eine Fibel zuweilen mehr wert ist als eine Münze.

Nun erst, nachdem die Prähistorie die grössten inneren Schwierigkeiten glücklich überwunden, die verwirrende Fülle des Materials einigermassen übersichtlich und chronologisch geordnet hat und nachdem auf provinzialrömischem Boden durch die Ausgrabungen zuverlässige Resultate erzielt worden sind, können wir darangehen, den römischen Einfluss auf die Germanen nachweisen zu wollen. Bereits auf der ersten allgemeinen Versammlung der deutschen Geschichts- und Altertumsforscher (im September 1858 zu Berlin) hatte Mommsen darauf hingewiesen, „wie wichtig es sein würde, die sämtlichen ausserhalb der römischen Reichsgrenzen auf deutschem und slawischem Boden gefundenen Stücke römischen Ursprungs zusammenzustellen und daraus in Verbindung mit den bei den Schriftstellern vorhandenen Nachrichten soweit möglich die Geschichte der römisch-deutschen Handelsverbindungen zu ermitteln"[6].

Trotz jener Anregung waren die nächsten Jahrzehnte in dieser Beziehung wenig fruchtbar; sie mussten unfruchtbar bleiben, solange man überhaupt nicht genau wusste, was denn alles unbedingt „römisch" war. Auch hierüber haben uns erst die letzten Ausgrabungen aufgeklärt. Bei diesen Ausgrabungen stiess der Spaten nicht selten auf Spuren einheimischer Kultur, auf „vorrömische", „prähistorische" Scherben. Früher wurden diese „barbarischen" Altertümer achtlos und verächtlich beiseite geworfen oder wohl gar absichtlich zerschlagen und mit ihnen natürlich häufig auch unscheinbare Scherben provinzialrömischer Keramik, denen man den „römischen" Ursprung nicht ohne weiteres ansah.

Mehrere unserer rührigsten und erfolgreichsten Forscher, deren Anteil an den reichen Ergebnissen des letzten Jahrzehnts nicht hoch genug eingeschätzt werden kann, wissen davon zu erzählen.

Lehner sagt[7]: „Welcher westdeutsche Forscher hat Ende der achtziger und noch Anfang der auch neunziger Jahre gewöhnlichen

Topfscherben die Beachtung geschenkt, die sie heute geniessen, nachdem sie dank den verdienstlichen Untersuchungen Dragendorffs, Koenens u. a. zu den eigentlichen Leitmuscheln für die Chronologie der Ansiedlungen geworden sind? Die grosse Masse der gestempelten Sigillatagefässe lässt nur ahnen, was uns an aufgefundenen Proben der übrigen Töpferwaren nicht erhalten geblieben ist." Auch Ritterling-Pallat[8] und G. Wolff[9] haben über ähnliche Vernachlässigung unscheinbarer Funde auf ihren Arbeitsgebieten zu klagen. In letzter Zeit widmen alle unsere besten Forscher am Rhein den einheimischen Erzeugnissen ihre grösste Aufmerksamkeit. Und gerade sie sind von der Notwendigkeit und Fruchtbarkeit einer umfassenderen Inangriffnahme derartiger Aufgaben, wie die vorliegende es ist, durchaus überzeugt. Dafür darf ich einen in jedem Sinne klassischen Zeugen anführen. Dragendorff sagt bei Beurteilung der Halterner Funde[10]:

„Es ist eine interessante Aufgabe, Material für die Frage zu sammeln, von wann an man etwa bei den freien Germanen dieser Gegend, die doch immerhin der römischen Grenze so nahe wohnten, römischen Einfluss im einheimischen Handwerk nachweisen kann."

Als ich diese Worte las, war ich bereits, einer Anregung meines hochverehrten Lehrers, des Herrn Professor Dr. Kossinna folgend, bei der Arbeit. Es war mir ein neuer Sporn, zu sehen, dass die Bewältigung dieser Aufgabe nicht allein von Prähistorikern, sondern auch von klassischen Archäologen als wünschenswert empfunden wurde[11].

Von besonderer Bedeutung ist die in Rede stehende Frage noch insofern, weil sich die Prähistorie hier unmittelbar in den Dienst der Geschichtswissenschaft im engeren Sinne stellt. Die fast zwei Jahrtausende hindurch von der Erde bewahrten germanischen Altertümer sind neben den wenigen Berichten römischer Schriftsteller die einzigen Urkunden der germanischen Frühgeschichte; sie sind die einzigen Prüfsteine jener Berichte und vermöge der reichen Fülle des Materials sehr wohl imstande, uns ein klares, ungetrübtes Bild zu geben von der äusseren Kultur der alten Germanen. Von den Historikern ist diese Quelle bisher wenig beachtet worden. Bernheim[12] erkennt die Leistungen der Prähistorie zwar an, weist aber auf die besonderen Vorkenntnisse und Methoden hin, deren man zu ihrer Heranziehung bedarf. Wenn nun gerade auf dem Gebiete der Frühgeschichte beide Wissenschaften — Geschichte und Vorgeschichte — nicht misstrauisch neben- oder gar gegeneinander, sondern Hand in Hand füreinander arbeiten, so kann das Ergebnis doch nur sein, dass wir der Wahrheit näher kommen[13]. Und diese Ansicht bricht sich erfreulicherweise mehr und mehr Bahn. Das beweisen allein schon die Versuche des Herrn Professor Dr. Delbrück, das Varuslager vor der Schlacht im Teutoburger Walde zu finden. Der Spaten entschied, dass jenes Lager nicht auf dem Hahnenkamp bei Rehme gewesen sein kann. Bei dieser Gelegenheit aber entdeckte Delbrück im Verein mit Schuchhardt die Reste eines alten germanischen Dorfes[14].

2. Der gegenwärtige Stand der Frage.

Den Standpunkt älterer Forscher bezüglich der uns beschäftigenden Fragen könnten wir ganz unerörtert lassen, wenn er heute vollständig überwunden wäre, wenn diese veralteten Ansichten nicht immer wieder auftauchten und wenn zu ihren Vertretern nicht Männer von der Bedeutung, den Verdiensten und der Autorität eines Müllenhoff gehörten. Wie hoch, aber wie irrtümlich Müllenhoff die Einwirkung römischer Berührungen einschätzte, hat Kossinna bereits nachgewiesen[15]. Als weiteren typischen Vertreter der alten Schule dürfen wir Christian Hostmann betrachten, dem die Vorgeschichte Deutschlands eine vorzügliche Beschreibung des Darzauer Urnenfriedhofes verdankt[16]. Hostmann hält alles für römisch, was auch in Vetera castra, Mainz, Worms usw. gefunden worden ist, was nach seiner Ansicht fabrikmässig hergestellt sein muss und nur irgendwelche Kunstfertigkeit verrät. Heute wissen wir, dass keines dieser Kriterien entscheidend ist. Nun, Hostmann schrieb vor mehr als 30 Jahren. Diese Tatsache erklärt seinen Irrtum. Zwischen ihm und uns liegt die ganze Zeit des Aufschwunges sowohl der römischen wie der germanischen Altertumswissenschaft. Was Hostmann geirrt, das hat er durch gewissenhafte Beobachtung der Fundumstände, durch genaue Beschreibung und durch Darstellung zahlreicher Typen mehr als wett gemacht. Sind auch seine Ansichten veraltet, sein Werk und seine tatsächlichen Beobachtungen behalten dauernden Wert. Nur muss man endlich lernen, die Spreu von dem Weizen zu sondern. — Wenn der eben besprochene Standpunkt auch nicht in allen Kreisen, die sich mit deutscher Altertumskunde beschäftigen, vollständig überwunden ist, so darf man doch mit der Tatsache rechnen, dass er nunmehr von den Archäologen selbst endgültig aufgegeben worden ist. Tischler, Montelius, Kossinna u. a. sind mit Energie und tiefer Gründlichkeit für die Bodenständigkeit der germanischen Kultur und vor allem auch der hoch entwickelten Metalltechnik (natürlich unter Annahme mannigfacher Anregungen von Süden her) eingetreten. Ihrer Ansicht haben sich Gelehrte wie Höfer, Götze und Seger angeschlossen[17].

Die weiteste Bresche aber hat Almgren in die alten Anschauungen gerissen durch sein Fibelwerk[16]. Wie fest gegründet Almgrens Behauptungen sind, das erhellt am besten aus der Tatsache, dass eine Widerlegung derselben nicht einmal versucht werden konnte.

Unterdessen ist auch die „einheimische Keramik" am Rhein zu voller Anerkennung gelangt. Ob sie etwas mit den Germanen zu tun hat oder nicht, wird später zu erörtern sein.

So sind sowohl im westlichen wie im übrigen Deutschland die ersten Schritte getan. Überall ist nachgewiesen worden, **dass der römischen Kultur eine heimische gegenüberstand, deren Produkte man früher wegen ihrer teilweise ausgezeichneten Technik durchaus den Römern glaubte zuschreiben zu müssen.** Uns bleibt nun noch die Aufgabe, im einzelnen nachzuweisen, wie gross die etwaigen Einflüsse gewesen sind.

3. Fehlerquellen.

Da es sich im Verlaufe dieser Arbeit sowohl um römische als auch namentlich um germanische Altertümer handelt, so dürfte es an dieser Stelle angebracht sein, sich einmal energisch mit den **landläufigen Bezeichnungen** der sogenannten „römischen Periode" auseinanderzusetzen. Gegen die Anwendung des Begriffes „römisch" auf diese ganze Periode lässt sich wenig sagen; er ist klar und bezeichnet die vier ersten nachchristlichen Jahrhunderte mit gebührender Deutlichkeit. So ist es immerhin berechtigt, von „römischer Zeit" zu reden; besser noch wäre die von Kossinna längst angewandte Bezeichnung „römische Kaiserzeit" oder kurz „Kaiserzeit". Der Kürze wegen wird nun aber mit dem Begriff „römisch" in einer Weise operiert, die zu Missdeutungen und ganz falschen Vorstellungen Anlass gibt und die nicht nur völlig Uneingeweihte zu ganz verkehrten Schlüssen verleitet. Selbst Almgren weiss die Schwierigkeit nicht ganz zu umgehen[19]. Mit „römischen" Gräbern meinen viele nicht etwa nur Römergräber, sondern auch germanische Gräber der Kaiserzeit. Spricht man nun gar von „römischen" Fibeln, so muss jeder, der nicht mit dem Stoff vertraut ist, glauben, dass damit Fibeln gemeint sind, die von Römern fabriziert wurden. Gewiss weiss jeder, dem die Archäologie Fachwissenschaft ist, dass mit jenem Ausdruck auch — sogar in erster Linie — germanische Gewandnadeln bezeichnet werden, die zur Römerzeit von germanischen Handwerkern hergestellt wurden. Gerade unsere so junge Wissenschaft muss aber, weil ihre einfachsten Begriffe noch nicht wie bei anderen Wissenschaften allen Gebildeten in Fleisch und Blut übergegangen sind, jede Unklarheit vermeiden. Und wo es vielen schwer wird, an eine germanische Metalltechnik überhaupt zu glauben, da müssen wir alles umgehen, was nur irgend verwirren kann oder gar verwirren muss.

Eine zweite Fehlerquelle hat in den Reihen der Archäologen selbst viel Unheil angerichtet. Es genügt durchaus nicht, immer nur ganz allgemein zu sprechen von römischen Einflüssen auf die Germanenwelt, ohne sich die Frage vorzulegen, seit welcher Zeit und in welchem Jahrhundert die Einflüsse besonders wirksam gewesen sind. Wo man sich täglich mit der Chronologie der römischen Ansiedlungen beschäftigt, ist sie selbstverständlich nicht vernachlässigt worden, aber im allgemeinen wurde jene Frage nicht mit dem gehörigen Nachdruck gestellt.

Bei jeder Feststellung eines bemerkbaren Einflusses muss jedoch die Wissenschaft fragen, auf welche Zeit diese Spuren zurückgehen. Ganze Jahrhunderte sind hier zusammengeworfen worden, und namentlich bezüglich der ältesten Spuren hat man fast nie gefragt: Um welches Jahrhundert handelt es sich? So sind die ersten vier, oft sogar die ersten acht nachchristlichen Jahrhunderte als einheitlicher Zeitraum behandelt worden. Aber selbst im Laufe der ersten vier Jahrhunderte war die Einwirkung Roms auf die Germanen durchaus nicht eine gleichmässige. Vorliegende Arbeit wird sich ausschliesslich mit den Einflüssen während der ersten beiden Jahrhunderte beschäftigen, soweit sie aus sicheren niederrheinischen Hügelgräberfunden oder aus Funden benachbarter Gebiete nachzuweisen sind. Zunächst aber haben wir uns noch mit einer dritten Fehlerquelle abzufinden. — Bei der Beurteilung der Einwirkung römischer Kultur auf die germanische ist es unbedingt notwendig, noch strenger als bisher zu unterscheiden zwischen Handelsbeziehungen, durch die römische oder wenigstens provinzialrömische Ware nach Germanien hin importiert worden ist und der Beeinflussung des heimischen Handwerks und der heimischen Lebensart durch die Nachbarkultur des Römerreiches. Nicht die auf germanischem Boden gefundenen römischen Exportstücke spielen die Hauptrolle. Mommsen hat bei seiner Anregung an sie allein gedacht. Ungleich wichtiger ist es aber, der Frage nachzugehen, ob und in welchem Umfange von einer inneren Umwälzung germanischer Kultur die Rede sein kann.

4. Import.

Es versteht sich von selbst, dass die Bedeutung der auf germanischem Boden gefundenen Importstücke römischen Ursprungs für die Frage der Beeinflussung der germanischen Kultur durch die Römer nicht unterschätzt werden darf. Einmal lässt sich aus der Masse der eingeführten Ware ungefähr ein Bild gewinnen von dem Umfange der römisch-germanischen Handelsbeziehungen; dann aber liegt es auch nahe, von den aus römischen Werkstätten stammenden Erzeugnissen nachhaltige Einwirkung auf heimisches Handwerk zu erwarten.

Geradezu sonderbar wäre es, wenn die grössere Geschicklichkeit und der feinere Geschmack an der germanischen Werkweise ganz spurlos vorübergegangen wären. Es ist nun eine allgemein anerkannte und in fast allen Gebieten Deutschlands sich bestätigende Tatsache, dass gleichzeitig mit dem Auftreten der Römer am Rhein eine tiefgehen` einheitliche Umwandlung beinahe sämtlicher Formen und Typen einset: ·o dass wir uns den gründlichen Irrtum älterer Forscher, die den grössten Teil germanischen Kulturgutes aus der Kaiserzeit als eingeführte römische Ware betrachteten, wenigstens erklären können. Heute wissen wir, dass die kaiserzeitlichen Typen sich durchweg aus La Tène-Typen entwickelt haben, und die prähistorische Forschung der letzten Jahre hat es bereits so weit gebracht, dass wir den genauen Entwicklungsgang der einzelnen Formen in nahezu lückenloser Aneinanderreihung der wichtigsten Übergangsstufen verfolgen können. Dennoch aber tritt uns bei Vergleichung der vorrömischen mit den kaiserzeitlichen Kulturresten eine auffallende Erscheinung entgegen: Die Formen der römischen Periode sind bei weitem mannigfaltiger, meist auch gefälliger, geschmackvoller als die früheren, aus denen sie sich entwickelt haben. Da liegt es nahe, an eine in starkem Grade erfolgte Einwirkung römischer Ware auf germanisches Kunsthandwerk zu denken. Der Gedanke hat unzweifelhaft viel Verlockendes und Bestechendes.

In dieser Weise ist die Einwirkung der römischen Fabrikationsweise auf die germanische von Sophus Müller, Direktor am Nationalmuseum in Kopenhagen, behandelt worden [20 u. 21]. Trotz der inneren Wahrscheinlichkeit, die eine derartige Ansicht für sich hat, dürfen wir auch in dieser Frage den Boden der Tatsachen und der genauesten Beobachtung an wirklich vorhandenen Funden nicht verlassen. Sophus Müller muss selber zugestehen [22]: „Unmittelbare Vorbilder lassen sich nur selten nachweisen." Seine Ansicht stützt sich also mehr auf Annahmen, auf Eindrücke, nicht auf Beweise. Wie leicht solche Annahmen aber in die Irre gehen können, dafür liefert S. Müller selbst den Beweis. Ich sehe hier davon ab, dass dieser Gelehrte in seiner „Nordischen Altertumskunde" [23] Fibeln (wie z. B. die Augenfibel S. 56 Fig. 34) [24] trotz ihrer Entwicklung aus La Tène-Fibeln als „unzweifelhaft römische Arbeiten" ansah, die „voll entwickelt nach dem Norden gekommen" sind und hier „die Grundlagen für die vielen heimischen Variationen gebildet" haben. In der „Urgeschichte Europas" werden diese „römischen" Arbeiten nicht mehr erwähnt. Noch lehrreicher ist aber ein anderer Irrtum. S. Müller behauptet, dass zu keiner Periode der Vorzeit, weder früher noch später, so gute Tongefässe hergestellt worden sind, wie in dem Zeitraum, als man unter der Einwirkung des noch gesunden und edlen römischen Kunstgewerbes stand [25]. Die Gefässe, die Müller dabei im Ar hat (Darzauer Fussurnen) [26] gehören allerdings überwiegend der „röp   en" Zeit an, haben aber mit römischer Einwirkung nichts zu tun, können also für den römischen Einfluss nichts beweisen. Sie sind vielmehr beredte Zeugen dafür, welche hohe Stufe das germanische Kunsthandwerk bereits erreicht hatte, ehe die Römer am Rhein erschienen. Jene vorzüglich gearbeiteten Gefässe sind Nachwirkungen viel früherer Beziehungen zum Süden [27] und sind uns geradezu eine ernste Mahnung, bei der Beurteilung fremder Einflüsse auf strengste und genaueste Chronologie Bedacht zu nehmen. Auch die bei Verzierung der in Rede stehenden Gefässe oft geübte Rädchentechnik ist, wie Kossinna [28] nachgewiesen hat, älter und „ebensowenig wie der Mäander", der auf denselben Gefässen sehr häufig vorkommt, „von den Römern nach Germanien gebracht worden".

Wollen wir Einwirkungen römischer Zufuhr auf germanische Waren nachweisen, dann müssen wir unbedingt die Vorbilder, nach denen gearbeitet worden ist, namhaft machen können und ihren „römischen" Ursprung unwiderleglich beweisen. In jedem anderen Falle dürfen die aufgestellten Behauptungen nur den Wert einfacher Vermutungen beanspruchen[29].

Ob die Trinkhornbeschläge[30] heimische, von römischer Weise stark beeinflusste Fabrikate oder Importstücke sind, lässt sich heute noch nicht mit voller Sicherheit entscheiden.

Die goldenen und silbernen Hängezierate (Berlocks)[31] sind jedenfalls Produkte des einheimischen Handwerks, gehen aber auf südliche Vorbilder zurück[32]. Die Frage ist nur, ob „römischer" Import hier eingewirkt hat oder ob auch in diesem Falle ältere Einflüsse massgebend waren.

Als unbedingte Zeugen römisch-germanischer Handelsbeziehungen kommen nur in Betracht:

1. Münzen[33]:

Die römischen Münzen, die auf germanischem Gebiete gefunden wurden, bezeugen, dass in vorneronischer Zeit (frühe Kaiserzeit) von römischem Handel nach Germanien hinein kaum die Rede sein kann, dass vielmehr die ausgedehnten Handelsbeziehungen der Römer mit dem inneren und auch dem nördlichen Germanien erst etwa am Ende des II. Jahrhunderts beginnen.

2. Bronzegefässe[34]:
   a) Eimer.
   b) Kasserollen, Schöpfgefässe und Siebe.

Auf welchem Wege und auf welche Weise die früh- und mittelkaiserzeitlichen Produkte der Bronzeindustrie von Capua nach Germanien gekommen sind, ist noch nicht entschieden[35]. Die späteren provinzialrömischen (gallischen) Metallgefässe wurden jedenfalls durch Händler auf dem Wasserwege an die Küsten der Nord- und Ostsee gebracht und gelangten von hier aus ins Innere[36].

Auf demselben Wege wurden auch

3. römische Gläser[37] und
4. römische Tongefässe[38] eingeführt.

Terranigraware und „italische" Terrasigillata findet sich auf germanischem Boden überhaupt nicht[39]; aus südgallischen Fabriken ist nur ein einziges Gefäss bekannt[40]; alle anderen provinzialrömischen Tongefässe, die auf germanischem Gebiete gefunden wurden, gehören frühestens dem II. Jahrundert an. Mit den eben genannten römischen Waren kamen zuweilen, jedoch selten, auch Schnallen, provinzialrömische Scheibenfibeln und andere kleinere Geräte oder Schmucksachen nach Deutschland; alle diese Importstücke gehören fast ganz ausschliesslich in die spätere Kaiserzeit. In dieser Zeit lässt sich denn auch die Einwirkung römischer Arbeit auf germanische Technik mit Sicherheit beobachten. Eine Einwirkung der Formen der römischen Bronzegefässe auf die Formen der germanischen Tonware lässt sich hie und da wohl auch schon in den ersten beiden Jahrhunderten erkennen, aber dieser Einfluss ist nur vereinzelt und entspricht höchstens dem gleichartigen Einflusse in früheren Perioden.

Um die Klärung unserer Vorstellungen von den römisch-germanischen Beziehungen hat sich der Gesamtverein der deutschen Geschichts- und Altertumsvereine besondere Verdienste erworben durch seinen Beschluss, „der Forschung über den Einfluss römischer Kultur auf das Gebiet östlich des Limes besondere Aufmerksamkeit zuzuwenden, alljährlich auf der Hauptversammlung ... über die Ergebnisse zu berichten und durch Veröffentlichung der jeweiligen Untersuchungen im Korrespondenzblatte ... sich gegenseitig in der Arbeit zu fördern"[41].

5. Sprachliche Rückschlüsse[42].

Seiler[43] unternimmt den Versuch, ein Bild von der Einwirkung der römischen Kultur auf die germanische zu gewinnen durch Feststellung der deutschen Lehnwörter, die dem Lateinischen entnommen worden sind. Selbstverständlich kommen für unsere Zeit nur die Einwirkungen des Vulgärlateins vor der hochdeutschen Lautverschiebung in Betracht und zwar auch nur die ältesten. „Wir Deutschen haben gewöhnlich mit den fremden Dingen die fremden Namen übernommen"[44]." Ganz ohne Zweifel kann die Betrachtung der Lehnwörter als einer Quelle unserer Erkenntnis sehr fruchtbar sein, wenn sie sich von Einseitigkeiten frei hält und wenn sie die gewonnenen Resultate nachzuprüfen sucht an den Ergebnissen, die andere Wissenschaften bereits zutage gefördert haben. Wenn Seiler richtig sagt, dass „Beeinflussungen auch stattgefunden haben können, ohne dass sie durch sprachliche Entlehnungen zum Ausdruck gebracht worden sind"[45], so hätte er auch an die Möglichkeit denken müssen, dass zuweilen sprachliche Entlehnungen festgestellt werden können für Dinge, die den Germanen längst bekannt waren. Dass „Kampf"[46] aus dem Lateinischen entlehnt ist, kommt Seiler selbst merkwürdig vor, und er zweifelt gar nicht daran, dass die Germanen schon vor der Entlehnung eine heldenhafte Nation waren. Seiler nimmt darum an, dass dies Wort sich auf die feinere Fechtkunst der Gladiatoren bezog. Das kann so sein.

An ähnliche Vorgänge müssen wir aber auch bei anderen Wörtern denken.

Den Wall (vallum)[47] kannten die Germanen längst und hatten ihn schon bei den Kelten in weit grossartigerem Massstabe (Ringwälle) gesehen als bei den Römern[48]. Sie selbst haben in diesen Wällen vor den Römern Schutz gefunden und aus diesen Schlupfwinkeln heraus die Römer arg belästigt[49].

Körbe[50] sind uns naturgemäss nicht erhalten; wohl aber bezeugt uns das in der La Tène-Zeit auf germanischen Tongefässen häufig auftretende Korbmuster[51], dass der Korb (corbis) schon damals einer der gewöhnlichsten Gebrauchsgegenstände war.

Der Kelch[52] ist nicht erst zur Römerzeit nach Germanien gekommen. Derartige Gefässe gab es schon während der Hallstattzeit[53] in Deutschland.

Es liessen sich leicht noch mehr Beispiele dafür anführen, dass rein sprachliche Rückschlüsse ein falsches Bild der altgermanischen Kultur ergeben müssen. Seiler gelangt denn auch zu einer Unterschätzung dieser Kultur, zu einer Unterschätzung, die in der mehrfach wiederholten Betonung des Halbnomadentums ihren stärksten Ausdruck findet[54].

Interessant ist, was Seiler über das germanische Handwerk sagt[55]: „Aus diesen Funden geht also mit Sicherheit hervor, dass unsere Handwerkstechnik auf dem Boden der römischen erwachsen ist, dass wir auch in dieser Hinsicht die Erben des grossen Kulturvolkes geworden sind. Allein in der Sprache ist der Niederschlag dieser Entwicklung geringer, als man, nach der Menge der Lehnwörter auf anderen Gebieten zu urteilen, annehmen sollte. Der Grund ist offenbar der, dass die Germanen die wichtigsten und unentbehrlichsten Handwerkstätigkeiten schon vor ihrer Bekanntschaft mit den Römern auszuüben verstanden, dass sie auf diesem Gebiete nicht etwas schlechthin Neues erhielten, sondern nur allerhand nützliche Verbesserungen der Werkzeuge und der Handgriffe. Darum konnten sie die heimischen Gewerksausdrücke zum grössten Teil auch für die neue Technik beibehalten." Diese Schlussfolgerungen entsprechen durchaus den Beobachtungen, die an Funden gemacht worden sind. Ein lehrreiches Beispiel dafür, wie sich sprachliche Schlüsse und· tatsächliche Funde in recht erfreulicher Weise ergänzen können, um so unsere Kenntnis urgermanischer Kulturverhältnisse zu mehren und zu vertiefen, ist Seilers Auseinandersetzung über das Wort „Ofen"[56]: „Das Wort ist germanisch.

Die Grundbedeutung des Wortes ist wahrscheinlich ‚Topf‘; der älteste Ofen scheint also ein mit Holz gefülltes tragbares Gefäss gewesen zu sein."

Nun hat Professor Bodewig, Oberlahnstein, bei der Ausgrabung „vorrömischer Dörfer bei Braubach und Oberlahnstein"[57] unter den Überresten und dem Hausgerät vieler durch Brand zerstörter Hütten schwere tönerne Kohlenpfannen[58] gefunden, die nur zur Erwärmung der Wohnräume gedient haben können und die aus sprachlichen Rückschlüssen gewonnenen Ansichten vollauf bestätigen.

I. Quellen und Methode.

a) Alte Schriftsteller.

Wer sich intensiv mit germanischer Altertumskunde beschäftigt, wird es sich nicht einfallen lassen, die Berichte antiker Schriftsteller zu vernachlässigen. Philologen und Historiker haben aus diesen Quellen unserer vaterländischen Geschichte reichen Gewinn geschöpft. Manche Stelle ist viel umstritten worden, ohne dass eine Einigung über das richtige Verständnis erzielt worden wäre. Dass sich bei dem ganzen Charakter dieser Berichte auch mancherlei hineininterpretieren lässt, ist zur Genüge erwiesen und erweist sich noch täglich besonders bei Erörterung von Fragen, die wie die Alisofrage allgemeineres Interesse erregen. Niemand hat die Mängel der römischen Schriftsteller dieser Zeit und die Lückenhaftigkeit und Unzuverlässigkeit ihrer Berichte schärfer kritisiert als der beste Kenner dieser Materie, Mommsen, in der Einleitung zu dem fünften Bande seiner „römischen Geschichte"[59]: „Was aus der literarischen Überlieferung unmittelbar entnommen werden kann, ist nicht bloss ohne Farbe und Gestalt, sondern in der Tat meistens ohne Inhalt." „Wer an die sogenannten Quellen dieser Epoche, auch die besseren geht, bemeistert schwer den Unwillen über das Sagen dessen, was verschwiegen zu werden verdiente, und das Verschweigen dessen, was notwendig war zu sagen[60 u. 61]."

b) Ausgrabungsberichte.

Seit etwa einem Jahrzehnt ist nun die Archäologie mit streng methodisch betriebenen Ausgrabungen auf den Plan getreten, und es ist ihr gelungen, über den Sinn manches bisher strittigen Wortes zu entscheiden. Sie kann das, weil es ihr möglich ist, die immerhin doch sekundären Quellen — die Schriftsteller — nachzuprüfen mit ihren primären Quellen — den Funden —, die in ihrer kaum übersehbaren Zahl einen so sicheren Prüfstein bilden, dass die aus ihnen geschöpften Ergebnisse in gewissen Fällen über die Bedeutung auch der scharfsinnigsten Hypothese hinausgehen und als objektive Wahrheit angesehen werden müssen. Wohl gemerkt, ich sage: in gewissen Fällen. Ob Haltern oder Oberaden oder sonst ein anderes noch zu erwartendes Römerlager an der Lippe Aliso[62] ist oder nicht, das kann auch die Archäologie bis heute noch nicht entscheiden. Dass aber Haltern und Oberaden römische Lager aus der frühesten Kaiserzeit sind, also gleichaltrig mit dem oft genannten und gesuchten Aliso sein müssen, das ist keine Hypothese mehr, sondern objektive Gewissheit. Das aber illustriert auch am besten den Fortschritt, den die Archäologie für das Verständnis antiker Schriftsteller im Gefolge hatte. Was hat bisher alles für „römisch" gegolten? Seit wenigen Jahren erst sind wir in der Lage, zu beurteilen, ob es römisch ist und noch mehr, ob es frührömisch ist. So werden wir nach und nach auch Klarheit erhalten über die Kastelle der drusianischen Operationsbasis am Rhein[63], von denen bereits eine stattliche Zahl mit Sicherheit nachgewiesen ist, und selbst die von Drusus angelegten Lager an der (Maas oder) Ems, Weser und Elbe[64] werden nicht ein ewiges Rätsel bleiben. Für die Beurteilung der gleichzeitigen germanischen Kultur und ihrer Beziehungen zur römischen sind die genauen Datierungen der römischen Ansiedlungen von unberechenbarem Werte.

Wollen wir eine möglichst klare Vorstellung vom Verhältnis beider Kulturen zueinander gewinnen, so müssen wir also in erster Linie die Funde zu Rate ziehen, die sowohl auf provinzialrömischem wie auf germanischem Gebiet im Laufe der Zeit gehoben worden sind und den beiden ersten nachchristlichen Jahrhunderten angehören. Das Material ist so gross, dass sich ein Nichtfachmann schwerlich eine Vorstellung davon machen kann. Es ist ganz verfehlt, wenn zuweilen geglaubt wird, die Archäologen urteilten nach einigen einzelnen Funden; für die Beurteilung der Kultur eines Volkes oder auch nur eines Stammes stehen Massen von Funden zur Verfügung. Naturgemäss ist das umfangreiche Material sehr zerstreut, so dass die Übersicht ungemein erschwert wird. Die Fundberichte finden sich durch fast zahllose Zeitschriften verteilt. Neben Unzulänglichem begegnet man in den Fundberichten unendlich viel Erfreulichem. Hier sieht man erst, wie gross und warm seit langer Zeit das Interesse an der deutschen Altertumskunde gewesen ist, wie emsig so manche Arbeit geleistet wurde, wie der Idealismus sich in den Dienst einer Sache stellte, die bis vor kurzem noch arg verkannt und vernachlässigt worden ist. Wahre Fundgruben schier unermesslichen Materials sind:

1. **Jahrbücher des Vereins von Altertumsfreunden im Rheinlande.** Bonn. I—CXV. (Abgekürzt: B. J. = Bonner Jahrbücher.)
2. **Annalen des Vereins für Nassauische Altertumskunde und Geschichtsforschung.** Wiesbaden. I—XXXVI. (Abgekürzt: Nass. Ann. = Nassauer Annalen.)
3. **Westdeutsche Zeitschrift für Geschichte und Kunst.** I—XXV. (Abgekürzt: Westd. Z.)
4. **Korrespondenzblatt des Gesamtvereins der deutschen Geschichts- und Altertumsvereine.** (Abgekürzt: Korr. d. Gesamtver.)

Die übrigen Zeitschriften und Berichte werden im Verlaufe der Besprechung besonders zitiert werden. —

c) Museen und Sammlungen.

Auch diese Fundberichte mit ihren zahlreichen, oft vorzüglichen Abbildungen dürfen uns nicht genügen. Ohne Autopsie ist ein selbständiges Urteil unmöglich. Nachdem ich auf früheren Reisen die Museen in Neu-Brandenburg, Schwerin und Stettin besucht hatte und mit den reichhaltigen Sammlungen der prähistorischen Abteilung des Museums für Völkerkunde in Berlin vertraut geworden war, führte mich meine erste Studienreise im Juli und August 1906 ins westgermanische Gebiet, an den Rhein und ins nördliche Limesgebiet. Zweck dieser Reise war, sowohl die Produkte der römischen als auch der germanischen Kultur der Kaiserzeit scharf ins Auge zu fassen, miteinander zu vergleichen und über die etwaigen Einwirkungen der beiden Kulturen aufeinander ein selbständiges Urteil zu gewinnen. Meine Beobachtungen konnte ich später noch ergänzen auf meiner zweiten Studienreise Ende Dezember 1906 und Anfang Januar 1907. Als vorliegende Arbeit dem Abschlusse nahe war, hatte ich Gelegenheit, auf einer dritten Reise ins Lippegebiet und an den Rhein die gewonnenen Resultate noch einmal nachzuprüfen und durch manche interessante Beobachtung zu ergänzen.

Auf diesen meinen Studienreisen besuchte ich folgende Museen und Sammlungen:

1. Friesack: Sammlung im Rathause.
2. Lüneburg: Sammlung des Museumsvereins.

3. Hannover: Provinzialmuseum.
4. „ Kestnermuseum.
5. Herford: Altertumsmuseum.
6. Detmold: Altertumsmuseum.
7. Osnabrück: Sammlung des Museumsvereins.
8. Kassel: Museum Fridericianum.
9. Dortmund: Sammlung im Rathause.
10. Stendal: Altmärkisches Museum.
11. Haltern: Römisch-germanisches Museum.
12. Krefeld: Museum.
13. Duisburg: Sammlung im Rathause.
14. Düsseldorf: Historisches Museum.
15. „ Sammlung Braun.
16. Neuss: Sammlung Heinrich Sels.
17. „ Altertumsmuseum.
18. Köln: Museum Wallraf-Richartz.
19. „ Prähistorisches Museum.
20. Bonn: Provinzialmuseum.
21. Remagen: Altertumsmuseum.
22. Andernach: Altertumsmuseum.
23. Neuwied: Fürstliche Sammlung von Altertümern.
24. Koblenz: Museum des Altertumsvereins.
25. Fulda: Museum.
26. Oberlahnstein: Altertumsmuseum.
27. Braubach: Sammlung auf der Marksburg.
28. Boppard: Städtisches Museum.
29. Bingen: Städtisches Museum auf Burg Klopp.
30. Wiesbaden: Landesmuseum nassauischer Altertümer.
31. Mainz: Sammlungen des Stadt- und Altertumsvereins und des „Römisch-germanischen Zentralmuseums".
32. Saalburg:
   a) Neue Saalburgfunde.
   b) Funde vom Römerkastell Niederbiber.
   c) „ „ „ Stockstadt.
   d) „ „ „ Zugmantel.
   e) „ „ „ Feldberg.
33. Homburg v. d. Höhe: Saalburgmuseum.
34. Frankfurt am Main: Historisches Museum.
35. Giessen: Museum des „Oberhessischen Geschichtsvereins".

Ich kann und darf es an dieser Stelle nicht unterlassen, den Leitern einzelner Museen und den Besitzern der Sammlungen meinen wärmsten Dank abzustatten für die überaus freundliche Bereitwilligkeit, mit der mir überall und ohne auch nur eine einzige Ausnahme die Benutzung der Sammlungen in jeder nur möglichen Weise erleichtert worden ist und hebe noch ganz besonders hervor, dass mir namentlich am Rhein in verständnisvollstem Eingehen auf meine Studien und in wohlwollendster Unterstützung meiner Arbeit Einsicht gegönnt wurde auch in noch nicht veröffentlichte Fundgruppen, die gerade sehr ergiebig waren. In dieser Beziehung schulde ich noch ganz besonderen Dank Herrn Dr. Lehner, Direktor des Provinzialmuseums in Bonn, und Herrn Professor Dr. Ritterling, Direktor des Landesmuseums nassauischer Altertümer in Wiesbaden.

Man kann nicht leicht zu hohen Respekt haben vor der ausserordentlichen Arbeit, die im Laufe der letzten Jahre durch systematisch betriebene Ausgrabungen der rheinischen Museen auf provinzialrömischem Gebiete geleistet worden ist. Neben den grossen Altertumsvereinen und der römisch-germanischen Kommission des „Kaiserlichen Archäologischen Instituts" stehen würdig kleinere Städte und Städtchen, die ehrenvolles Zeugnis ablegen von der unermüdlichen Energie und Umsicht einzelner Männer, welche bewiesen haben, was die Lokalforschung, richtig betrieben, zu leisten vermag. Ich nenne nur Remagen, Oberlahnstein und Fulda.

d) Die Chronologie der römischen Kaiserzeit.

Das erste Erfordernis und die Grundlage für jede weitere Arbeit in unserer Frage ist eine genaue, durch sichere Funde gestützte Chronologie der Kaiserzeit. Diese Chronologie ist den rheinischen Forschern eine vertraute Sache. Sie selbst haben die entscheidenden Funde mit peinlichster Gewissenhaftigkeit aus ehemals provinzialrömischem Boden herausgearbeitet und haben zugleich den weiten Blick bewiesen, die Bedeutung der einzelnen Funde für den Zusammenhang der Geschichte der römischen Okkupation zu erkennen und gegeneinander abzuwägen. Sie haben damit auch der germanischen Archäologie einen ausgezeichneten Dienst erwiesen. Letztere Wissenschaft ist ja insofern ungleich ungünstiger daran, als sie sich bis zur Römerzeit oftmals beschränken muss auf die relative Chronologie. Bei dem gänzlichen Mangel historisch beglaubigter Zeitangaben kann sie selbst die Jahrhunderte nur bestimmen durch Vergleichung mit ausserdeutschen Fundobjekten. Seit dem Auftreten der Römer am Rhein haben wir auch für die germanische Kultur eine gesicherte absolute Chronologie, und diese stützt sich auf die der benachbarten, teils sogar auf germanischem Gebiete selbst auftretenden provinzialrömischen Kultur.

Leider haben wir für die absolute Chronologie noch keine zusammenhängende, übersichtliche Arbeit. Koenens[65] und Dragendorffs[66] Feststellungen berücksichtigen ausschliesslich die Keramik und sind im einzelnen bereits stark modifiziert und ergänzt worden, namentlich durch die Ausgrabungen auf der Selsschen Ziegelei bei Neuss[67] (Koenen, van Vleuten, Oxé, Siebourg; — Strack [B. J. CXII 419 ff.]) und von Novaesium[68] (Nissen, Koenen, Lehner), ganz besonders aber durch die von Haltern[69] (Koepp, Schuchhardt, Ritterling, Dragendorff, Krüger), von Hofheim[70] (Ritterling) und von Wiesbaden[71] (Ritterling, Pallat). Für das I. Jahrhundert sind wir bereits imstande, auf dem Gebiete der provinzialrömischen Kultur die Wandlungen in fast jedem einzelnen Jahrzehnt verfolgen zu können. Für die Frühzeit wird uns die Veröffentlichung der unter Lehners Leitung unternommenen Ausgrabungen bei Urmitz sicher neue Aufschlüsse geben.

Hier soll uns die Chronologie der römischen Ansiedlungen nur soweit beschäftigen, als sie für das Verhältnis der Römer zu den Germanen oder für das Verhältnis beider Kulturen zueinander von entscheidender Bedeutung ist. Bei dieser Gelegenheit werden sich gleichzeitig Fragen erledigen lassen, die für die Beurteilung der ganzen Sachlage nicht belanglos sind.

Eines der wichtigsten Ergebnisse, welche die gesamte historische Wissenschaft der Archäologie und dem Spaten verdankt, ist die schon erwähnte Tatsache, dass die Römer bei ihrem Auftreten auch im nördlichen Gallien und am Rhein auf eine Kultur stiessen, die bezüglich der äusseren Kulturgüter, sowohl der Metalltechnik als auch der Keramik stark genug war, durch schnelle Anpassungsfähigkeit an den verwöhnten römischen Geschmack und durch vorzüglichste Leistungsfähigkeit die ganze italisch-römische Ware im Laufe von wenigen Jahrzehnten zu überflügeln, konkurrenzunfähig zu machen und sie so völlig zu verdrängen. Die Bedeutung dieser nicht etwa erst zu erweisenden, sondern längst erwiesenen Tatsache darf nicht unterschätzt werden. Provinzialrömische Kultur am Rhein ist also etwa seit dem III. Jahrzehnt n. Chr.[72] eigentlich einheimische La Tène-Kultur, umgestaltet und beeinflusst durch italisch-römische Zufuhr. Wenn wir also germanische Kultur mit römischer in Beziehung setzen wollen, so müssen wir uns stets die Frage vorlegen: Handelt es sich um rein römische (italisch-römische) oder um provinzialrömische Kultur? Ob und wie weit die Germanen selbst schon bei der Entstehung jener einheimischen Technik und also auch der provinzialrömischen Kultur beteiligt waren, soll uns weiter unten interessieren.

Das letzte vorchristliche Jahrhundert — die Spät-La Tène-Zeit — ist das Jahrhundert der Vernichtung der keltischen Nation. Aufs tiefste erschüttert durch die Züge der Kimbern und Teutonen werden die einst so kriegstüchtigen Stämme der Kelten zwischen Römern und Germanen völlig zerrieben. Während Cäsars Legionen die Volkskraft im Inneren Galliens brachen, drängten die Germanen ihre südlichen und westlichen Nachbarn über den Mittel- und Oberrhein. Die ersten Kämpfe zwischen den beiden stammverwandten indogermanischen Völkern begannen längst vor Cäsar. Die Einzelheiten — mit Ausnahme der Kämpfe des Ariovist — sind in Dunkel gehüllt. Eine einzige Bemerkung Cäsars[73] illustriert uns die Vorgänge am Mittelrhein. Die Treverer, die selbst schon keltisch-germanische Mischlinge sind, können am Entscheidungskampfe vor Alesia nicht teilnehmen. Sie haben die Rheingrenze und das absterbende Keltentum gegen andringende Germanen zu verteidigen. Um die Mitte des letzten vorchristlichen Jahrhunderts, als die Römer am Rhein erschienen, sassen reingermanische Stämme am Mittel- und Oberrhein. „Die Ubier halten um diese Zeit die nördliche Ecke zwischen Main und Rhein um das Taunusgebirge und das untere Lahntal besetzt"[74]. Aber auch ihnen war bald das nationale Rückgrat gebrochen. Agrippa[75] nimmt sie (38 oder 37 v. Chr.) vor den anstürmenden Stammesgenossen über den Rhein hinüber. Unter unausgesetzten Reibungen und Kämpfen zwischen rechtsrheinischen Germanen und einzelnen römischen Abteilungen vergehen einige Jahrzehnte, bis Augustus den Entschluss fasst, den Krieg mit den Germanen systematisch aufzunehmen. Mit diesem Augenblick, also etwa mit dem Jahre 13 v. Chr., treten die Germanen in eine neue Epoche. Die Züge der Kimbern, das Vordringen Ariovists waren nur Vorspiele zu dem grossen Ringen der aufstrebenden germanischen mit der untergehenden römischen Welt. Der eigentliche Konflikt beginnt erst mit den Eroberungszügen des Drusus ins freie Germanien hinein. Der Kampf um die Weltherrschaft, zu dem dieser Konflikt sich schliesslich auswächst, findet einen gewissen

Abschluss mit dem Sturz des weströmischen Reiches durch die Germanen. Auf deutschem Boden aber hatten die Kriege mit den Römern bereits ihr Ende gefunden seit dem Übergang der Vandalen und Franken über den Rhein um die Wende des IV. zum V. Jahrhundert. So dürfen wir also als „römische Periode" oder „Kaiserzeit" die Zeit von 13 v. Chr. bis 406 n. Chr. bezeichnen, also etwa die ersten vier nachchristlichen Jahrhunderte.

Innerhalb dieser vier Jahrhunderte pflegen einige Forscher zwei Perioden zu unterscheiden: die frühe (I. und II. Jahrhundert) und die späte Kaiserzeit (III. und IV. Jahrhundert). Von anderen werden drei Perioden unterschieden: frühe, mittlere und späte Kaiserzeit. So wird das II. Jahrhundert teils noch als frühe, teils auch als mittlere Kaiserzeit angesehen. Auch hier wäre Einheitlichkeit sehr erwünscht. Für die Geschichte, die mit bestimmten Zahlen rechnet, ist die genaue Periodisierung selbstverständlich von erheblich geringerer Bedeutung als für die Archäologie und namentlich für die Frage des Verhältnisses beider Kulturen zueinander. Bei eingehender Betrachtung der Funde drängt sich ohne weiteres die Dreiteilung auf und zwar fällt der Einschnitt zwischen den beiden ersten Perioden nicht mit der Jahrhundertwende zusammen. Der natürliche Wendepunkt wird uns gegeben durch den Bataverkrieg der Jahre 69/70 n. Chr. Im Verlaufe dieses Krieges sind fast alle römischen Ansiedlungen und Lager im Rheingebiet bis auf den Grund zerstört worden. Eine dicke Brand- und Schuttschicht, die beinahe in jedem römischen Lager jener Zeit gefunden wird, bestätigt uns vollauf die Erzählung des Tacitus[76] und deckt die Kulturreste der frühen Kaiserzeit. Mit diesem gewaltsamen Eingriff schliesst auch eine ganze Kulturepoche ab. Eine Reihe von Formen verschwindet mit dem Jahre 70 völlig (siehe z. B. Augenfibel). Die Zeit vom Jahre 70 bis zum Jahre 83 ist die Übergangszeit von der frühen zur mittleren Kaiserzeit. Cerialis lässt die Kastelle wieder aufbauen, und damit ist die römische Herrschaft am Rhein neu gefestigt.

Mit Domitians Chattenkrieg (83 n. Chr.), dem Bau der rechtsrheinischen Steinkastelle und der Anlegung des Limes beginnt die mittlere Kaiserzeit. Das römische Imperium gibt endgültig die Okkupation des freien Germaniens auf.

Schwerer wird es, für das Ende der mittleren Kaiserzeit ein festes Datum zu finden, da sich die politischen Verhältnisse an der ausgedehnten römischen Grenze und die Beziehungen der Römer zu den Germanen nicht so gleichmässig gestalten wie bisher. Für den Rhein und die obere Donau ergibt sich der Abschluss dieser Epoche ganz von selbst mit der Erstürmung und dem Überschreiten des Limes durch die Germanen unter Kaiser Gallienus. Für diese durch das Veroneser Provinzialverzeichnis und Aurelius Viktor Caes. 33 chronologisch nur mangelhaft überlieferte Tatsache haben wir durch die Ausgrabungen Ritterlings im Kastell Niederbiber[77] ein sicheres Datum gewonnen (259 oder 260 n. Chr.). Für die mittlere Donau tritt der entscheidende Umschwung in den Beziehungen beider Kulturen zueinander bereits ein mit dem Einbruch der Germanen in die Donauprovinzen, also seit dem Markomannenkriege (161—180 n. Chr.). Wenn M. Aurel auch Sieger blieb, die Germanen fanden doch teilweise schon Aufnahme ins römische Reich. Und nun entwickelte sich hier im Süden des freien Germaniens ein Einfallstor römischer Kultur, über dessen folgenschwere Bedeutung uns die Funde nicht im Zweifel lassen. War der Einfluss der Römer bisher gering, so werden von nun an in stetig zunehmendem Masse die Germanen von der römischen Kultur beeinflusst. Mit der politischen Germanisierung des Imperiums geht die kulturelle Romanisierung des Germanentums Hand in Hand, ohne aber je die Selbständigkeit und Eigenart der germanischen Technik unterdrücken zu können. Auch während der Völkerwanderung finden wir im germanischen Kunsthandwerk einen durchaus charakteristischen „germanischen Stil". Ich verweise hier nur auf das vortreffliche Buch von Salin: „Altgermanische Tierornamentik"[78], dessen gründliche Durcharbeitung wegen mangelnder Übersichtlichkeit leider einen beinahe gar zu grossen Aufwand von Zeit erfordert.

Betrachten wir die Jahrzehnte von 200—250 n. Chr. als Übergang zur späten römischen Kaiserzeit, so sind wir berechtigt, das Ende der mittleren etwa um das Jahr 200 n. Chr. anzusetzen. So erhalten wir folgende chronologische Übersicht:

I. Frühe Kaiserzeit: 13 v. Chr. bis 70 n. Chr.
Übergangszeit: 70—83 n. Chr.
II. Mittlere Kaiserzeit: 83—200 n. Chr.
Übergangszeit: 200—250 n. Chr.
III. Späte Kaiserzeit: 250—400 n. Chr.

e) Provinzialrömische Kultur.

Suchen wir nun ein Bild der provinzialrömischen Kultur, wie es sich durch die Ausgrabungen römischer Lager und Siedlungen am Rhein darstellt, zu gewinnen[79].

Drei Tatsachen, die für die Sicherheit und Klarheit, mit der wir über die Zeitstellung provinzialrömischer Kulturgüter urteilen können, von hervorragender Bedeutung sind, rufen wir uns noch einmal ins Gedächtnis zurück:

1. **Der Limes mit seinen zahlreichen Kastellen gehört ausschliesslich der mittleren Kaiserzeit an** (83 bis etwa 250 n. Chr.). **Die ganze Limeskultur ist also ein zuverlässiges Abbild der provinzialrömischen Kultur der mittleren Kaiserzeit.**

2. Für die frühe Kaiserzeit bietet uns die **Brand- und Schuttschicht**[80] aus den **Kriegsjahren 69/70 n. Chr.** eine sichere Grenze. **Was unter dieser Brandschicht liegt, gehört der frühen Kaiserzeit an.**

3. Aus der frühen Kaiserzeit haben wir **zwei zeitlich eng begrenzte römische Niederlassungen, die uns ein geschlossenes Kulturbild einiger bestimmter Jahrzehnte überliefern:**

   a) **Haltern an der Lippe (bis 17 n. Chr.)**[81].
   b) **Hofheim im Taunus (Erdkastell) (40—50 n. Chr.)**[82].

Alle anderen bisher veröffentlichten Fundgruppen der frühen Kaiserzeit — so wichtig sie auch für das Verständnis römischer Kultur sein mögen — treten zunächst an Bedeutung hinter den eben genannten zurück, **weil wir sie nicht mit derselben Sicherheit datieren können und weil sie nicht einen so vollkommen in sich geschlossenen Kreis von Kulturresten bergen.** Wir werden sie selbstverständlich immer zur Ergänzung des Bildes der einzelnen Kulturschichten heranziehen müssen, und für diesen Zweck sind sie unschätzbar.

Die Halterner Kulturreste gehen auf keinen Fall über das Jahr 17 n. Chr. hinaus. Das ganze rechtsrheinische niedergermanische Gebiet wurde ja auf Befehl des Tiberius damals geräumt. Mag das Hofheimer Erdkastell noch ein paar Jahre über das Jahr 50 n. Chr. hinaus bestanden haben oder nicht; dass es dem V. Jahrzehnt angehört und nur sehr kurze Zeit im Gebrauch gewesen ist, unterliegt keinem Zweifel. So haben wir also in den Jahren 17 und 40 n. Chr. als Endtermin von Haltern und als Anfangstermin für Hofheim zwei feste Punkte. **Ein Vergleich von Haltern und Hofheim ergibt nicht nur ein genaues Bild der römischen Kultur in den ersten Jahrzehnten der Okkupation (Haltern) und im V. Jahrzehnt n. Chr. (Hofheim),** sondern verschafft uns zugleich auch ein

Urteil über die Wandlungen, die im Laufe des III. und IV. Jahrzehnts (also in der Zeit zwischen der Räumung Halterns und der Besetzung Hofheims) vor sich gegangen sind.

Die Kulturreste Halterns zeigen zwar ein buntes, aber keineswegs ein verworrenes Bild. Es ist uns möglich, die einzelnen Funde einem der drei Kulturkreise zuzuteilen, denen sie angehören. Am deutlichsten treten uns die drei Kulturen entgegen in der Keramik. Bei den Ausgrabungen wurden zunächst Gefässreste gefunden, die der bei Haltern ansässigen germanischen Bevölkerung aus der Zeit kurz vor und bald nach dem Auftreten der Römer zugewiesen werden müssen. Im Besitze der römischen Offiziere und Soldaten, die nach Haltern kamen, war jenes vornehme Tafelgeschirr aus Terra sigillata, das untrüglich das Gepräge „italischer" Fabrikationsweise trägt und seinem ganzen Charakter[83] nach (feiner, weicher Ton, mattrote Glasur, Stempel und Formen) echt „arretinisch" ist, wenn auch einige Fabrikherren bereits Filialen in Südgallien gegründet haben sollten[84]. Neben diesen rein römischen Erzeugnissen herrscht die Tonware vor, welche die römischen Soldaten vom Rhein her mitbrachten. Teils ist diese Ware noch durchaus einheimischen Charakters, wie der rauhwandige Kochtopf[85] mit einwärts gebogenem Rande, der so häufig auftritt, dass er am Rhein als bestes „Leitartefakt" augusteischer Zeit betrachtet werden darf. Er ist ohne Töpferscheibe gearbeitet, trotzdem diese schon vor dem Auftreten der Römer verwendet wurde. Dieser Topf war für den täglichen Gebrauch den römischen Soldaten dieser Zeit unentbehrlich. — Die grosse Menge der übrigen Gefässe entstammt einer Mischkultur, der sogenannten „belgischen Technik"[86], die an die heimische Technik anknüpft, sich aber die verfeinerte römische Technik in hohem Masse zu eigen gemacht hat und zum Teil sogar römische Ware (Terra sigillata) nachahmt. In Haltern herrscht die rote Ware gegenüber der schwarzen (Terra nigra) und grauen noch vor. Unter dem übrigen Tongerät sind für Haltern noch charakteristisch:

1. Grosse Vorratsgefässe[87], deren Boden in eine Spitze ausläuft. (Amphoren).
2. Reibschalen[88] wie Westf. Mitt. II 1903 XXXVIII 24.
3. Wasserkrüge[89] mit fein profiliertem, überkragendem Rande.
4. Salbfläschchen[90].

Die Tonlampen zeigen kreisrunden Bauch, breites Mundstück, welches an den Seiten von zwei Voluten eingefasst ist, und kreisrunde Henkel.

Die **Münzen** gehören ausschliesslich der letzten republikanischen und der augusteischen Zeit an (staatliche Prägung, Lugdunum, Nemausus, Vienna [1], autonomes gallisches Kupfergeld).

Unter den **Fibeln** finden sich neben der vorherrschenden gallischen **Aucissafibel**[91] (Scharnierfibel, die nicht selten einen Stempel[92] [Aucissa] trägt), die germanische Augenfibel[93] und die provinzialrömischen Formen Almgren 15, 19 und 22 vor. (1 Exemplar Almgren 15 mit völlig offenem Nadelhalter.)

Über das römische **Pilum** und die bei Haltern gefundenen **Geschützpfeile** vgl. Westf. Mitt. II (1901) 123 f. und Westf. Mitt. III (1903) 63 ff.

Das **Erdkastell von Hofheim**[94] aus dem V. nachchristlichen Jahrzehnt zeigt uns ein wesentlich anderes Bild als Haltern. Zunächst fehlen viele der für Haltern eigentümlichen Funde ganz.

Weder „italische" Sigillata noch der rohe **Halterner Kochtopf** des gemeinen Soldaten noch das tönerne **Salbfläschchen** noch die **Kupfermünzen gallischer Civitates** findet man in Hofheim. Dagegen treten Funde auf[95], von denen in Haltern noch keine Spur vorhanden war, wie barbarische **Nachahmungen römischen Gepräges, Tiberius-, Caligula- und Claudiusmünzen**. Alle Münzen aus augusteischer und früherer Zeit sind in weit höherem Grade abgenutzt als in Haltern. Der gewaltigste Umschwung ist jedenfalls die **vollständige Verdrängung der italischen Sigillata durch die südgallische** (härter, stark glänzend, kirschrot oder dunkelrot). Der Konkurrenzkampf der südgallischen Fabriken gegen die italischen, auch gegen diejenigen, welche in Südgallien selbst nach arretinischer Weise arbeiteten, wurde im III. und IV. Jahrzehnt ausgefochten und endete mit dem durchschlagenden Erfolge der neuen Technik. Die italische Ausfuhr nach Gallien und Germanien wurde völlig lahmgelegt, und die südgallischen Filialen arretinischer Fabriken mussten sich der neuen Weise anbequemen. Die südgallische Fabrikation gelangte bald zu hoher Blüte und überschwemmte mit ihrer Ware auch sämtliche rheinischen Niederlassungen.

Die „belgische" Ware ist in Hofheim recht **zahlreich vertreten**, und zwar kommt die schwarze und graue Ware häufiger vor als die rote.

Die Hofheimer **Kochtöpfe** sind alle auf der Töpferscheibe gearbeitet. Auch die schon in Haltern vorkommenden besseren Formen haben sich gewandelt. Zeigten die Halterner scharfe Knickungen am Bauche, so sind die Hofheimer mehr gerundet.

Von den Vorratsgefässen mit spitzem Boden haben sich nur noch einige Scherben gefunden.

Die Wasserkrüge zeigen nicht mehr die feine Profilierung, wenn auch die Mündung noch scharfe Konturen aufweist.

Die Halterner Reibschale kommt in Hofheim nicht mehr vor (nur wenige Bruchstücke fanden sich); sie ist verdrängt durch einen jüngeren Typus[96] mit überhängendem Rande, der in Haltern nur in wenigen Exemplaren vorhanden war.

Die Tonlampen haben sich weniger wandlungsfähig erwiesen; die Hofheimer gleichen denen von Haltern.

Die Aucissafibel tritt in Hofheim hinter anderen Formen zurück. Die Fibeln Almgren 19, 20, 22 finden sich noch vor, aber in jüngeren Formen; der Bügelknoten ist bereits zum Wulst verwandelt.

Die Beobachtungen bei Betrachtung der Funde von Haltern und Hofheim werden aufs glücklichste bestätigt und ergänzt durch die Ergebnisse der übrigen Ausgrabungen auf provinzialrömischem Gebiete. Namentlich durch Wiesbaden (ältere Schicht)[97] und Novaesium[98] (frühes Lager) gewinnen wir einen Einblick in die weitere Entwicklung der römischen Kultur in der frühen Kaiserzeit. Die Wandlungen der letzten Jahrzehnte sind jedoch bei weitem nicht so einschneidend wie die zwischen Haltern und Hofheim beobachteten.

Scharf hebt sich dagegen die Kultur der mittleren von der der frühen Kaiserzeit ab. Natürlich fehlen auch hier die Übergänge bei einzelnen Typen nicht. Innerhalb der mittleren Kaiserzeit lassen sich ebenfalls wieder verschiedene Perioden unterscheiden, aber die Entwicklung ist doch namentlich in der zweiten Hälfte des II. Jahrhunderts „in ein langsameres Fahrwasser gekommen".

II. Die niederrheinischen Hügelgräber.

Für das Verständnis der Kulturverhältnisse auf dem römischen Okkupationsgebiete waren die letzten Jahre der Forschung am Rhein von unermesslicher Fruchtbarkeit. Typologie und Chronologie gewähren uns einen klaren Einblick in die kleinsten Zeitabschnitte der Kaiserzeit. Fast jedes Jahrzehnt hat uns die ihm eigenen Züge offenbart, und wo etwa im einzelnen noch Zweifel und Unsicherheit die wahren Züge verschleiern, da geben uns neue Funde und der unermüdliche Forschungsdrang der rheinischen Archäologen die Hoffnung einer baldigen Lösung der Aufgabe.

Leider muss dieser erfreulichen Tatsache gegenüber festgestellt werden, dass die Untersuchungen auf germanischem Boden, die im Elbgebiet und weiter im Osten an der Spitze der mitteleuropäischen Forschung überhaupt stehen, gerade zwischen Rhein und Weser nicht gleichen Schritt gehalten haben. Das hat gewiss teilweise seinen Grund in der früher am Rhein üblichen Geringschätzung und Vernachlässigung der „barbarischen" Kultur. Es darf auch nicht verkannt werden, dass die Verhältnisse auf westgermanischem Gebiete besonders schwierig sind. Umfassende Vorarbeiten fehlen fast ganz. Es fehlt eine ähnliche, grundlegende Arbeit, wie es die von Kossinna über die Ostgermanen ist[99]. Vielleicht auch wäre es heute noch unmöglich, eine solche zu schreiben. Über das mittel- und oberrheinische Gebiet sind wir noch einigermassen orientiert. Forscher wie Ritterling, Schumacher, Reinecke, G. Wolff, Bodewig u. a. sind rastlos tätig, dort Klarheit zu schaffen und scheuen teils auch vor den schwierigsten, den ethnologischen Problemen nicht mehr zurück. Schlimmer aber sieht es auf germanischem Boden am Niederrhein aus. Und doch ist mehrmals ein guter Anlauf genommen worden. Eine ganze Reihe von Altertumsfreunden hat ein überaus umfangreiches Material gesammelt. Es sind auch Versuche gemacht worden, den Altertümern ihren Platz anzuweisen unter den Resten der Vorzeit. Kein Bearbeiter darf an diesen tastenden Versuchen undankbar vorübergehen. Aber sowohl die Art der Ausgrabung wie die Fassung der Berichte fordert in den meisten Fällen die schärfste Kritik heraus und macht Vorsicht und Misstrauen geradezu zur Pflicht, und zwar ganz besonders da, wo die berichteten Fundumstände von ungeheurer Tragweite sind. Ein Kardinalfehler schon ist es, dass man bisher immer nur Gräber untersucht hat. Die dazugehörigen Ansiedlungen hätten sich sicher finden lassen; sie hätten Auskunft geben können über die gesamten Kulturgüter der einstigen Bewohner. Wie ergiebig Ansiedlungen sind, das lehren uns unter anderen Fulda[100] und Braubach-Oberlahnstein[101]. —

Leider sind auch die Grabfunde vielfach zerstreut oder gar verschleppt worden. Immerhin steht uns ein Material zur Verfügung, das vollauf genügt, um daraus wichtige Schlüsse ziehen zu können. — Bekanntlich werden im Verlaufe der vorrömischen Eisenzeit zwei grosse Epochen unterschieden: die Hallstattzeit (vom Ende der Bronzezeit bis gegen 500 v. Chr.) und die La Tène-Zeit (vom Jahre 500 v. Chr. bis zum Beginn unserer Zeitrechnung). Wie jede verallgemeinerte, ursprünglich lokale Bezeichnung, so hat auch die Benennung dieser Perioden ihre Schwächen und verleitet unter Umständen zu verhängnisvollen Irrtümern. Die Hallstattkultur hat gleichmässig auf Kelten und Germanen eingewirkt. Die La Tène-Kultur ist ausgegangen von den Kelten nach ihrer Berührung mit der griechischen Kolonisation Südgalliens (Massilia), und ihre Blüte fällt ungefähr zusammen mit der Blütezeit der keltischen Nation. Während der letzten vorchristlichen Jahrhunderte haben die Germanen im allgemeinen von den Kelten neue Anregungen empfangen, und der Einfluss der La Tène-Kultur auf die Germanen war so bedeutsam, dass man erst in neuerer Zeit begonnen hat, die beiden Völker in gewissen Gebieten unterscheiden zu lernen, um die Grenzen zwischen ihnen feststellen zu können[102]. Sonderbar ist nun aber, dass wir in den letzten Jahrhunderten vor Christi Geburt fast in ganz Deutschland bis nach Pommern und Preussen hin und sogar in Schweden La Tène-Kultur finden, aber nicht da, wo wir zu allererst La Tène-Kultur erwarten müssten — am Niederrhein. Hier klaffte allen Forschern eine gähnende Lücke entgegen, die — von römischen Siedlungen selbstverständlich abgesehen — fast tausend Jahre umfasste (etwa 500 v. Chr. bis 400 n. Chr.). Vergebens erwartete man von Jahr zu Jahr, dass sich die Lücke durch neue Ausgrabungen schliessen werde.

Für die Kaiserzeit erklärte man sich teilweise die Erscheinung durch die bei den Römern beliebte Entvölkerung des Grenzgebietes;

wo aber waren die Reste aus der La Tène-Zeit? Sollte diese Landschaft damals ganz ohne Besiedlung gewesen sein? Noch im letzten Berichte der römisch-germanischen Kommission des Kaiserlichen Archäologischen Instituts[103] sagt Schumacher: „Wir wissen immer noch nicht, wie weit die Gallier und die gallische La Tène-Kultur am Niederrhein und am rechten Ufer vorgedrungen sind. Sehr auffallend ist, dass in dem grossen Gräberfelde bei Duisburg bis jetzt keine Urnen des eigentlichen La Tène-Typus gefunden sind." Dieser bisher ganz unbegreiflichen Tatsache stand nun aber eine zweite, fast noch unbegreiflichere gegenüber. Gerade am Niederrhein (also etwa in den Regierungsbezirken Düsseldorf und Köln) sind im Laufe der letzten 50 Jahre Hunderte von Hügelgräbern geöffnet worden; aber fast alle Berichte — und gerade auch die besten — zeugen von einer gewissen Verlegenheit. Bereits im Jahre 1820 erschien im Beiblatte der „Kölnischen Zeitung" (No. 15 und 16) ein Aufsatz Theodor von Haupts[104]: „Ruhestätten von Römern und Germanen im Duisburger (Teutoburger) Walde". Seine Schlussfolgerungen widerrief Haupt später selber. In Gubitz' Volkskalender aus dem Jahre 1845 findet sich eine Beschreibung einiger Hügelgräbergruppen aus der Feder von Waldbrühls. Um dieselbe Zeit hat Jos. Rademacher[105] mehrfach Hügel bei Altenrath geöffnet und die Aufmerksamkeit der gelehrten Welt auf sie gelenkt. Die Söhne des zuletzt genannten Altertumsfreundes — C. Rademacher (Köln) und J. Rademacher (Krefeld) — haben sich in neuerer Zeit um die Kenntnis der Gräberfelder anerkennenswerte Verdienste erworben. Auf die Ausgrabungen von Wilms, Koenen, Rautert verweise ich später bei Besprechung einzelner Friedhöfe.

Schaaffhausen[106] bezeichnete die Hügel wegen der Übereinstimmung der in ihnen vorgefundenen Bestattungsweise mit dem Berichte des Tacitus[107] als germanische. Bald stellte sich heraus, dass eine grosse Zahl der Gräber bis ins VIII. Jahrhundert zurückreichen müsste. Koenen[108] und Rautert[109] traten für die Kaiserzeit ein; auch Genthe[110] schrieb sämtliche Duisburger Gräber derselben Zeit zu und war trotz seiner falschen Methode, die gar zu offensichtliche Mängel aufwies, nicht so sehr im Unrecht, wie fast allgemein angenommen wurde. C. Rademacher[111] glaubte, die Funde von der Wahner Heide u. a. in die jüngere La Tène-Zeit setzen zu müssen. Gegen alle diese Feststellungen, auch gegen die richtigen — und ein Körnchen Wahrheit enthielten sie meiner Ansicht nach alle — machte sich ein derartiges Misstrauen bemerkbar, dass Rademacher in seiner Arbeit (B. J. CV) es vermied, die Zeitfrage auch nur zu berühren. Mit welchem Rechte wurde dann aber von „germanischen" Begräbnisplätzen gesprochen? Schumacher teilt in seinem Berichte das ganze Material einer „verblassten" Hallstattkultur zu. Alle bisher ausgesprochenen Ansichten waren nicht ganz falsch, aber einseitig. Das eine jedenfalls war ohne weiteres klar: Vom lokalen Standpunkt aus und aus sich allein heraus waren die beiden rätselhaften Tatsachen, die man am Niederrhein beobachtet hatte, nicht zu verstehen und nicht zu erklären. Vielleicht gelingt es, wenn wir die Hügelgräber des Niederrheins als einheitliche Gruppe im Rahmen der ganzen Vorgeschichte Deutschlands überhaupt zu betrachten versuchen. Den Spuren des römischen Einflusses auf die Germanen nachgehend, beschäftigte ich mich seit längerer Zeit mit der Frage der Herkunft und Beeinflussung der so charakteristischen Gefässtypen des Darzauer Friedhofes und anderer kaiserzeitlicher Urnenfriedhöfe. Römischer Einfluss war für mich ganz ausgeschlossen, nachdem ich die Gefässe im Provinzialmuseum zu Hannover wiederholt selbst untersucht[112] und auch die römischen (sowohl die italischen als auch die provinzialrömischen) Typen in den rheinischen Museen aus eigener Anschauung kennen gelernt hatte. La Tène-Einfluss mochte bei einigen Gefässen eingewirkt haben, konnte aber für die Beurteilung der Gesamtformen kaum entscheidend in Frage kommen. Mehr und mehr drängte sich mir ein gewisser Zusammenhang namentlich der Profile mit Hallstattgefässen auf. Zugleich aber wurde mir die Verwandtschaft der Darzauer Formen mit den Formen aus niederrheinischen Hügelgräbern immer klarer. — Ich war mir der Tragweite des Gedankens mit allen seinen Konsequenzen vom ersten Augenblick an vollkommen bewusst. Über ganze fünf Jahrhunderte der La Tène-Zeit hinweg sollten Beziehungen bestanden haben zwischen der früh-, ja sogar mittelkaiserzeitlichen germanischen Kultur und der Hallstattkultur. Und doch: Nur so löste sich ja auch das Rätsel der La Tènelosen Zeit am Niederrhein. Beide Gedankenreihen verschmolzen sich mir nach und nach zu einer verheissungsvollen Annahme: Die Bewohner des Niederrheins (zunächst ganz gleichgültig, ob Germanen oder nicht) blieben vielleicht von dem Einfluss der benachbarten La Tène-Kultur völlig unberührt. Sie entwickelten ihre seit der Hallstattzeit her überkommenen Typen langsam weiter, waren aber im ganzen auf dem Stande der alten Technik stehen geblieben bis hinein in die römische Kaiserzeit. Diese Vermutung war einer zweiten Studienreise wert.

Vier Hauptfragen sollte mir diese Studienreise beantworten:
1. Haben die Hügelgräber am Niederrhein irgendwelchen Zusammenhang mit der Hallstattkultur?
2. Haben die niederrheinischen Gefässe in Form, Verzierung und Technik charakteristische Merkmale mit den Darzauer Typen gemein?
3. Lassen die Hügelgräber La Tène-Einfluss erkennen?
4. Ist es möglich, sichere und genügend zahlreiche Anhaltspunkte für die Zeitstellung der Hügelgräber zu finden?

Die Antworten auf diese Fragen werden sich ergeben aus einer genauen Betrachtung des gesamten Materials.

1. Die Einheitlichkeit der niederrheinischen Hügelgräber.

Die Einheitlichkeit der niederrheinischen Hügelgräber ist von allergrösster Bedeutung. Wäre diese Einheitlichkeit auch nur im geringsten in Frage gestellt, so könnten die Gräber ja verschiedenen, vielleicht weit auseinanderliegenden Perioden der Vorgeschichte angehören; ihre Behandlung im Zusammenhange wäre unmöglich oder wenigstens unnötig. Die Einheitlichkeit allein macht sie zu vollgültigen Zeugen einer ununterbrochenen Kulturepoche, die, mag sie noch so lange gedauert haben, als ein untrennbar Ganzes betrachtet werden muss. Die Gleichartigkeit aller hier in Rede stehender Gräberfelder ist zwar oft nicht genügend berücksichtigt, aber niemals bezweifelt worden; sie drängt sich jedem Beobachter mit unabwendbarer Notwendigkeit auf und wird auch von den meisten Berichten immer und immer wieder bezeugt und besonders hervorgehoben. Unsere Aufgabe aber muss es sein, die Einheitlichkeit wissenschaftlich zu beweisen und festzustellen, worin sie im einzelnen besteht. Bezüglich der beobachteten Fundumstände — aber nur in bezug auf diese — stütze ich mich selbstverständlich auf die veröffentlichten Berichte, namentlich auch auf die von Rademacher in den „Nachrichten über deutsche Altertumsfunde"[113]. Rademachers Zusammenfassung der Eigentümlichkeiten der Hügelgräber in den „Bonner Jahrbüchern"[114] macht — trotzdem der Verfasser über den Kreis seiner eigenen Beobachtungen hinausgeht — eine übersichtliche Darstellung leider nicht überflüssig, schon allein deswegen nicht, weil Rademacher die Funde im Düsseldorfer Kreise wenig, das sehr bedeutsame Gräberfeld auf der Golzheimer Heide bei Düsseldorf überhaupt nicht beachtet[115]. Wenden wir uns zunächst der

a) **Anzahl und Ausdehnung der Hügelgräberfelder**

zu. Rechnet man auch damit, dass Wald und ausgedehnte Heidestrecken oftmals der Erhaltung der Hügelgräber günstig waren, so ist die Zahl der Gräber, die sich bis in unsere Zeit hineingerettet haben, doch als erstaunlich gross zu bezeichnen, um so mehr als sich kaum ermessen lässt, wie viele gleichartige im Laufe von zwei bis drei Jahrtausenden dem Ackerbau, der Bautätigkeit oder auch — und das sind gewiss nicht wenige — der unverständigsten Schatzgräberei zum Opfer gefallen sind. Von Hügelgräberfeldern, die als Denkmäler alter Zeit bis in unsere Tage hineinragten, sind folgende zu nennen:

1. **Das Gräberfeld bei Duisburg**[116]; es reicht von Grossenbaum (noch im Kreise Düsseldorf) bis zur Ruhr. Es ist etwa „10 km lang", „eine Viertelstunde breit".

Gräber wurden gefunden:
1) bei Grossenbaum,
2) im Buchholz,
3) in der Wedau, („Grab an Grab")[117],
4) im Neudorfer Felde,
5) am Düssernschen Berge,
6) am Monningshof.

Wilms hat 100 geöffnet, Feiden über 90, Bonnet 120.

2. **Marxloh**, Kreis Ruhrort, Nähe von Duisburg: „Noch 30 Hügel, früher mehr"[118].

3. **Kloster Hamborn**, Kreis Ruhrort, nahe dabei. („Begräbnitzplatz"[119].)

4. **Golzheimer Heide bei Düsseldorf**[120]: Gräberfeld vom Kaiserhain bis zum „roten Hause"; etwa 2 km lang; Breite durchschnittlich 400 m.

5. **Unterbilker Kirchhof**[121],
6. **„Am Wehrhahn"**[122],
7. **„An der Steffensburg"**,
8. **„An der Schnapp"**,
9. **„Bleiweissfabrik"**,
10. **„An der Fahnenburg"**,
} Kreis Düsseldorf[123].

Die Zugehörigkeit der unter No. 5—10 genannten Fundorte zu unserer Gruppe lässt sich leider nicht mehr kontrollieren, da die Funde verschollen sind; doch war die Bezeichnung „germanische Urnen" ja in der Tat, wie wir später sehen werden, zufällig richtig und führt sicher in den meisten Fällen auf die richtige Spur; es ist jedoch nicht ganz ausgeschlossen, dass einzelne Gräber einer späteren Zeit angehörten[124].

11. **Flingern**; „an den Geisten"[125],
12. **Eller**[126],
13. **Klein-Eller**[127],
14. **Gerresheim**[128],
15. **Hilden**[129],
16. **Lierenfeld**[130],
17. **Stoffeln**, } Kreis Düsseldorf.
18. **Benrath-Hildener Chaussee**[131],
19. **Aaper Wald**,
20. **Waldesheim**,
21. **Holthausen**[132],
22. **Pempelfort**[133],
23. **Oberbilk**[134],
24. **Dünnwald bei Mühlheim a. Rh.**[135]. „Etwa 100 Grabhügel; 10 Minuten davon zweites Gräberfeld" (Nachr. 1894):
   a) „beim Hause Hahn",
   b) beim Hof Iddelsfeld bei Merheim,
   c) Paffrath.
25. **Morsbroich**[136], Kreis Solingen. „Über 100 Hügel".
26. **Schlebuscher Heide**[137], Kreis Solingen. Etwa 20 Hügel als Rest eines früheren ausgedehnten Begräbnisplatzes.
27. **Delbrück**, Kreis Mühlheim a. Rh.[138]. 10—15 Hügel als Rest.
28. **Thurn (Iddelsfelder Hardt)**[139], Kreis Mühlheim a. Rh. Mehr als 500.
29. **Heumar**, Kreis Mühlheim. 70—80 Hügelgräber[140].
30. **Leidenhausen**, Kreis Mühlheim a. Rh.[141]. 50—60 Gräber.
31. **Troisdorf**, Kreis Sieg:
   a) am „dicken Stein"[142],
   b) am „stumpe Krützchen"[143]. Etwa 100 Rundhügel,
   c) am Ravensberg[144]. 100 Hügel geöffnet,
   d) am Hollstein[145],
   e) Troisdorfer Heide[146],
   f) zwischen Ravensberg und Troisdorfer Bahnhof[147],
   g) am Fliegenberg[148].
32. **Altenrath**, Kreis Sieg, östlich der Wahner Heide[149].
   a) Hasekuhlsloch. 10—15 Hügel,

b) Schlofenberg. 7 Hügel,
c) Kirchenheide. Gräberfeld 3—4 km Umfang[150]; „noch über 100 Hügel"[151].

33. Schreck, Nähe von Siegburg[152]; Kreis Sieg. 15—20 Hügel; Rest eines grossen Totenfeldes.

34. Niederpleiss[153], 3 km von Siegburg, Kreis Sieg.

35. Lohmar, nicht weit von Siegburg. „Zu hunderten noch uneröffnet[154]."

36. Siegburg, Kreis Sieg[155]:
   a) auf dem Stallberge,
   b) „an der Rotenbach",
   c) auf dem Brückberge,
   d) auf dem Seidenberge,
   e) auf dem Hirzberge. 100 Hügel[156].

37. Emmerich, Kreis Rees[157].

38. In letzter Zeit hat C. Rademacher im Verein mit seinem Bruder J. Rademacher ein neues rechtsrheinisches, umfangreiches Gräberfeld bei Wahn (Scheuerbusch), Kreis Mühlheim a. Rh., erschlossen[158].

Alle bisher aufgezählten Begräbnisplätze liegen auf dem rechten Rheinufer; auf dem linken befinden sich Friedhöfe bei:

39. Rheindahlen[159], einige Stunden von München-Gladbach, Kreis Gladbach. „Grosse Anzahl Hügel."

40. Calbeck[160], eine Stunde von Goch, Kreis Geldern. Hunderte von Hügeln.

41. Uedem[161], Kreis Cleve. Gräberfeld 2 km lang, $^1/_2$ km breit. „Noch jetzt viele Hunderte."

42. Pfalzdorf[162], Kreis Cleve. 11 Rundhügel, 1 Langgrab.

b) Grabanlage.

Es liegt in der Natur der Sache, dass auf einzelnen Gräberfeldern eine Reihe von Hügeln im Laufe der Zeit verweht oder eingeebnet worden ist[163]. Am häufigsten stellen sich die Gräber jedoch auch heute noch dar als gewölbte Rundhügel[164]; oft sind sie kreisrund[165], zumeist niedrig (bei Leidenhausen die grössten kaum 1,50 m hoch[166]; bei Rheindahlen[167] einige 0,50 m), teils 4—5 m[168], bei Uedem sogar 5—6 m hoch und 32 m im Durchmesser[169].

Zwischen den Rundhügeln finden sich zuweilen Langhügel vor (50 und mehr Schritte lang, $^1/_2$ m hoch)[170]. Sie bedürfen noch einer eingehenden Untersuchung. Ob sie jedoch eine besondere Bedeutung haben oder gar einer anderen Zeit angehören als die Rundhügel, ist mindestens sehr zweifelhaft. Gegenüber der grossen Zahl der Rundhügel kommen die Langhügel für die Beurteilung der Gesamtheit der Gräberfelder auf keinen Fall in Betracht. — Auf der Golzheimer Heide bei Düsseldorf wurde von Rautert beobachtet, dass die Gräber in parallelen Reihen mit $5^1/_2$ m Abstand voneinander lagen[171]. Auch C. Rademacher bemerkte Regelmässigkeit in der Anlage der Gräber bei Troisdorf und Heumar[172]. Dagegen fand Koenen bei Rheindahlen[173] (linksrheinisch) ungleichmässige Gruppen und Abstände.

Bezüglich der Aufschüttung der Hügel hat Schaaffhausen bei Siegburg eine bemerkenswerte Beobachtung gemacht[174]:

„Die Erde, welche den Hügel bildet, ist mit Sand gemischter Humus, der beweist, dass man ... hier den ganzen Hügel mit übereinandergelegten Rasenstücken bildete. Diese hat man von der Oberfläche der Heide abgeschürft; denn nirgends sieht man Spuren der Abtragung des Bodens oder Gräben zwischen den Hügeln."

Die Hügel von Rheindahlen[175] bestanden aus feinem Sand. Auf der Iddelsfelder Hardt[176] beobachtete C. Rademacher im Nordosten einen Einschnitt, aus dem das steinige Material zur Aufschüttung der Hügel genommen sein könnte. Im Westen waren die Hügel „fast ganz ohne Steine". Die Erde rührte wohl aus einem ähnlichen Einschnitte her, der sich in diesem Teile der Hardt vorfand[177].

c) Inhalt der Hügel.

Sämtliche Hügel am Niederrhein enthielten ausschliesslich Leichenbrand. Skelette kamen niemals vor. Beinahe in jedem Grabe wurden nicht geringe Mengen von Holzkohlen und Holzasche gefunden. Bei weitem am meisten Holz scheinen Eiche, Kiefer und Buche geliefert zu haben. Seltener wurde Wacholder gebraucht[178]. Schaaffhausen macht darauf aufmerksam, dass der Gebrauch von Wacholder bei den Völkern des Nordens geradezu bezeugt wird[179]. Bei Altenrath[180] entdeckte man in einem Grabe zwei aus Harz bestehende Fackeln, „zum Anzünden des Scheiterhaufens", die heute noch brennen würden. Bronzesachen, die mit im Brande waren, sind vielfach zu Kügelchen zusammengeschmolzen. Nicht selten sitzen die Bronzekügelchen am Knochen fest. Häufig ist noch zu erkennen, dass der Scheiterhaufen an der Stelle des späteren Grabes errichtet war. Nicht selten wurden die Knochenreste in einer Vertiefung in der Mitte oder neben der Brandschicht beigesetzt[181]. Rademacher ist der Ansicht, dass der Scheiterhaufen meist „auf einem fest bestimmten Platze jedesmal errichtet worden ist"[182].

Die Beisetzung geschah zuweilen in freier Erde[183]; ob in einer verweslichen Hülle (Holz oder Stoff) lässt sich naturgemäss nicht mehr feststellen. In den meisten Fällen wurden jedoch die zerkleinerten Knochenreste (nicht die Asche!) in eine Urne gelegt. Sie füllten diese bis zum ersten Drittel oder bis zur Hälfte; der übrige Teil wurde dann mit Sand ausgefüllt, zuweilen darauf ein kleines Tongefäss oder Bronzeringelchen gelegt und hierauf die ganze Urne mit einem Deckel (Teller, Schüssel, Napf) verschlossen[184]. Bei Thurn fand sich einmal eine Urne vor, die mit einem flachen Steine bedeckt war[185].

Neben oder in der Urne standen oder lagen zumeist Beigefässe. Wilms gibt an, dass er in der Regel eine Urne, aber ausserdem bis zu sechs Beigefässen gefunden habe[186]. Koenen hat bei Rheindahlen beobachtet, dass der Hügel um so mehr Beigefässe enthielt, je grösser er war[187]. Steinpackung fand Bonnet bei Duisburg nur einmal[188]; Rademacher bei Altenrath ebenfalls nur einmal Steinsetzung („neun Steine im Kreise etwas von der Urne entfernt")[189]. Auch Nachbestattung wurde beobachtet[190].

Die Urnen standen entweder in einer Vertiefung oder auf dem gewachsenen Boden.

2. Keramik.

Die Bedeutung der Keramik für die Beurteilung der Kultur, vor allem auch für die chronologische Festlegung der Funde, kann nicht hoch genug eingeschätzt werden. Mehr und mehr ist man denn auch zu der Einsicht gekommen, dass die Altertumswissenschaft manches Rätsel nur lösen kann, wenn sie ihr Hauptaugenmerk auf dieses Gebiet lenkt, ohne natürlich das übrige Material zu vernachlässigen. Der unschätzbare Wert der Tongefässe beruht zunächst darauf, dass die grosse Masse des Gebrauchsgeschirres schon um seiner Zerbrechlichkeit willen unmöglich von fernher importiert sein kann. Es muss also heimische Arbeit sein. Die Ausgrabungen römischer Plätze haben bewiesen, dass sich selbst der gemeine römische Soldat mit dem Kochgeschirr begnügte, das er im fremden Lande vorfand. Der einfache, so überaus charakteristische La Tène-Kochtopf[191] ist für ein frührömisches Lager in Germanien ebensogut „Leitfossil" wie eine arretinische Terrasigillataschale. In zweiter Linie beruht der Wert der Tongefässe geradezu auf der Zerbrechlichkeit des Materials. Durch eine Münze wird uns immer nur der terminus post quem angegeben; sicherer ist schon eine Fibel. Wo aber wäre der Topf oder die Schale oder sonst ein Stück des täglichen Gebrauchsgeschirres, das ein Jahrzehnt oder gar zwei Jahrzehnte überdauert hätte? Sind wir also erst so weit, die einzelnen Gefässe genau zeitlich festlegen zu können (was für die frühe Kaiserzeit bezüglich römischer Ansiedlungen und Lager im Laufe der letzten zehn Jahre seit Dragendorffs[192] grundlegender Arbeit beinahe erreicht ist), dann ist die Frage der Chronologie gelöst. Leider haben wir es in Gräbern mit Gefässen zu tun, die dem täglichen Gebrauch entzogen worden sind. Die Scherben aus Ansiedlungen wären noch wichtiger als die Urnen aus den Gräbern. Letztere unterscheiden sich jedoch sicher recht wenig von den täglichen Gebrauchsgefässen; das wird allein schon dadurch bewiesen, dass alle Mittel, um bessere Wärmeverteilung und damit bessere Wärmewirkung zu erzielen (z. B. rauhe Oberfläche) auch bei Urnen angewendet worden sind; die in den Hügeln gefundenen Deckel wurden sicher einst als Näpfe oder Schalen benutzt.

Den bei weitem grössten Teil des gesamten keramischen Materials habe ich selbst gesehen und teils auch in den Händen gehabt. Ich darf mich also auf eigene Beobachtungen stützen. Wenn ich dennoch nicht versäumen werde, für beobachtete Einzelheiten möglichst viel Belege anzuführen, so geschieht das, weil ich jeder verdienstvollen Arbeit, die geleistet worden ist, in vollem Umfange gerecht werden möchte.

Die Kenntnis der umfangreichen und überaus wichtigen Sammlung der „Anthropologischen Gesellschaft" in Köln verdanke ich der Liebenswürdigkeit des Herrn Rektor Rademacher[193].

a) Technik.

Sämtliche der hier in Frage kommenden Gefässe sind ohne Anwendung der Töpferscheibe gefertigt worden. Dennoch zeugt eine nicht geringe Zahl von Urnen und Beigefässen von ganz hervorragender Geschicklichkeit, und was Wilms[194] von einem Deckel besonders hervorhebt, das könnte man auch auf verschiedene andere Funde anwenden: „Er ist so sauber gearbeitet, dass er auf der Töpferscheibe nicht schöner gemacht sein könnte[195]." Geradezu bezeichnend ist es jedoch, dass neben dieser guten, kunstvoll gefertigten Ware nicht selten — zuweilen in demselben Grabe — recht rohe, mit äusserst wenig

Sorgfalt hergestellte Gefässe vorkommen. Genthes[190] Beobachtung an Duisburger Gräbern, dass namentlich Becher und Tassen oft flüchtig und roh gearbeitet seien, trifft für die Gesamtheit aller Funde aus Hügelgräbern zu. Vielfach ist der obere Teil eines grösseren Tongefässes schön geglättet, der untere rauh und uneben[197]. Diese Rauheit der Oberfläche am unteren Teil ist jedoch bei Kochtöpfen notwendig zwecks besserer Wärmeverteilung und Wärmewirkung. Selbst Ornamente dienen nicht selten diesem praktischen Zweck, und es wird kaum ein Mittel unversucht gelassen, um dem Herdfeuer eine möglichst unebene Angriffsfläche darzubieten.

Der Ton ist verschieden, bei rohen Gefässen oft sehr unrein.

b) Färbung.

In engem Zusammenhange mit der Art des Brandes steht die Färbung. Eine grosse Zahl der Gefässe war nur schwachem Brand ausgesetzt; der Ton blieb deswegen weich. Ein sicheres Zeichen einer gewissen Nachlässigkeit, eines ungleichmässig wirkenden Feuers ist jedoch die Erscheinung, dass die ganze Oberfläche ungleichmässig gefärbt, „fleckig" ist[198]. Die rohen Gefässe sind meist grau, gelbgrau, lehmgelb oder gelbrot.

Die härter gebrannten und meist auch sorgfältiger gearbeiteten dagegen sind entweder hellbraun, rötlichbraun, rot, schwarz, tiefschwarz oder glänzendschwarz (schwarz poliert).

Ein Gefäss von Troisdorf[199] ist aussen rotbraun, innen schwärzlich; dagegen eines vom Lohmarer Walde bei Siegburg aussen schwarz, innen rot[200]; dieselbe Färbung zeigte ein Deckel von Thurn. Auch bei Troisdorf (Ravensberg) fand sich in einem Hügelgrabe ein bemalter Gefässscherben vor[201].

Dieses Auftreten mehrfarbiger Bemalung ist von wesentlicher Bedeutung für die Zeitstellung der betreffenden Gräber.

Im Innern der Gefässe ist zuweilen auch ein weisser Überzug beobachtet worden[202].

Zu der verschiedenen Färbung der Gefässe tritt noch die äusserst häufige Anwendung der Graphitverzierung hinzu, die wie das ebenfalls häufig angewendete Verfahren des Dämpfens den Tongefässen eigenartigen Glanz verleiht.

c) Form der Gefässe.

Überaus schwierig und doch der Übersicht wegen unbedingt nötig ist es, aus der Fülle der Gefässformen einzelne Haupttypen herauszuheben. Die reiche Mannigfaltigkeit ist gewiss nicht ein Zeichen einer armseligen Kultur. Dazu kommt, dass die sorgfältiger gearbeiteten Gefässe sich durch gefällige Form auszeichnen, durch die schon Schaaffhausen an die „edlen Kunstformen der alten Völker" erinnert wurde[203]. Eine Ausnahme hiervon bilden natürlich wieder jene rohen Becher und Näpfe, die auch in dieser Beziehung flüchtige Arbeit verraten, ja oft unförmlich und schief gezogen sind.

Das Hauptmerkmal fast aller besseren Gefässe ist der schräge Rand. Der Winkel, in dem er nach aussen gebogen ist, bleibt nicht stets derselbe; sehr selten ist er „fast wagerecht"[204], häufiger mehr senkrecht. Wenn der senkrechte Rand wirklich „das charakteristische Merkmal der Tongefässe auf der Gocher Heide" oder überhaupt der linksrheinischen Keramik ist, so wäre das mindestens eine sehr auffällige Erscheinung, die sich vorläufig schwer erklären liesse[205]. —

Von den bisherigen Einteilungen der Gefässformen sagt mir die von Koenen am meisten zu[206]. Die drei Hauptformen, die auf dem Friedhofe der Golzheimer Heide bei Düsseldorf besonders scharf hervortreten, heben sich auch in den übrigen Hügelfeldern deutlich heraus[207]. Nur ist damit der Formenkreis noch nicht abgeschlossen. Hinzunehmen müssen wir die von Genthe so bezeichneten „Eimerurnen"[208 u. 209].

Sehr wichtig sind auch die allerdings seltener auftretenden, aber äusserst charakteristischen „Darzauer Typen"[210], die ich kurz als Fussurnen bezeichnen will. Zwar nicht übersehen, aber in ihrer vollen Bedeutung für den ganzen Formenkreis nicht richtig eingeschätzt wurden die so häufig gefundenen und teilweise sogar zeitbestimmenden Becher. Zu ihnen gehören grosse Fussbecher[211], die etwa einen Übergang bilden von den Fussurnen zu den in sehr grosser Zahl auftretenden kleinen Fussbechern[212] (Kelchbechern oder Fussschalen), die oft recht roh gearbeitet sind. Ihnen stehen gegenüber die meist in vorzüglicher Technik und mit vielem Geschmack angefertigten Spitzbecher[213] und die kleinen gleichfalls meist schwarzen Becherchen, deren untere Hälfte spitz oder gewölbt ist, die aber unten in der Mitte einen kleinen Eindruck haben, so dass sie im Gegensatz zu den eigentlichen Spitzbechern wenigstens einigermassen stehen können. Ihnen schliesst sich dann eine Reihe verschiedenartig geformter Töpfchen, Becherchen, Schalen an, in jeder Grösse bis herab „zu der Grösse einer Walnuss".

Der besseren Übersicht wegen stelle ich die Hauptformen noch einmal zusammen.

A. Urnen.

Fig. 1. Zylindrische, eiförmige Töpfe ohne Schrägrand. B. J. CV Taf. VI Fig. 24. Koenen: Gefässkunde Taf. XIX Fig. 1. Rautert: Rhein. Geschichtsbl. I Fig. 1 S. 65.

Fig. 2. Eimerurnen.
B. J. CV Taf. III 12 II 10. Duisburger Progr. 1881 Taf. III 6—8 und S. 50. Prähistor. Mus. Köln (Eltener Heide).

Fig. 3. Bauchige, höhere Urnen mit schrägem Rande.
Koenen: Gefässkunde Taf. XIX Fig. 3.
Rautert: Rhein. Geschichtsbl. I 2 S. 65.
B. J. CV Taf. II Fig. 1.

Fig. 4. Schärfer profilierte Urnen („gedrungen").
Koenen: Gefässkunde Taf. XIX Fig. 2.
Rautert: Rhein. Geschichtsbl. I Fig. 3 S. 65.

Fig. 5. Fussurnen. (Wie Hostmann: Darzau Taf. VI Fig. 55.)
Eller.
Kl. Eller.
Wahn (Prähistor. Mus. Köln: Grab 57).

B. Becher.

Fig. 6. Grosse Fussbecher.
B. J. CVII 285 Fig. 14. B. J. CV Taf. V Fig. 9.
Nachr. (1898) 2 Fig. 1. Gubitz' Volkskalender (1845) 144 Fig. 5.

Fig. 7. Kleine Fussbecher.
B. J. CV Taf. V Fig. 10.
Golzheimer Heide (Hist. Mus. Düsseldorf).
Hilden K. 18 (Hist. Mus. Düsseldorf).
Wahn (Prähistor. Mus. Köln: Grab 1, 12, 33).

Fig. 8. Spitzbecher.
B. J. CV Taf. V 12. Nachr. (1895) 27.
Wahn (Prähistor. Mus. Köln: Grab 20, 25).
Thurn (Prähistor. Mus. Köln: Grab 1, 15, 18, 19).

Becher mit kleinem Eindruck in der Mitte des Bodens.
a) Boden gewölbt: Thurn, Nachr. (1895) 26.
b) Boden spitz: Troisdorf, Nachr. (1896) 7.

C. Rohe Töpfchen und Schalen.

a) B. J. CV Taf. V Fig. 16.
b) B. J. CV Taf. V Fig. 4.

D. Teller, Schüsseln und Näpfe (als Deckel benutzt).

B. J. CV Taf. VI, 15, 17, 20, 22, 26.

Fig. 9. siehe S. 43.

Tafel I.

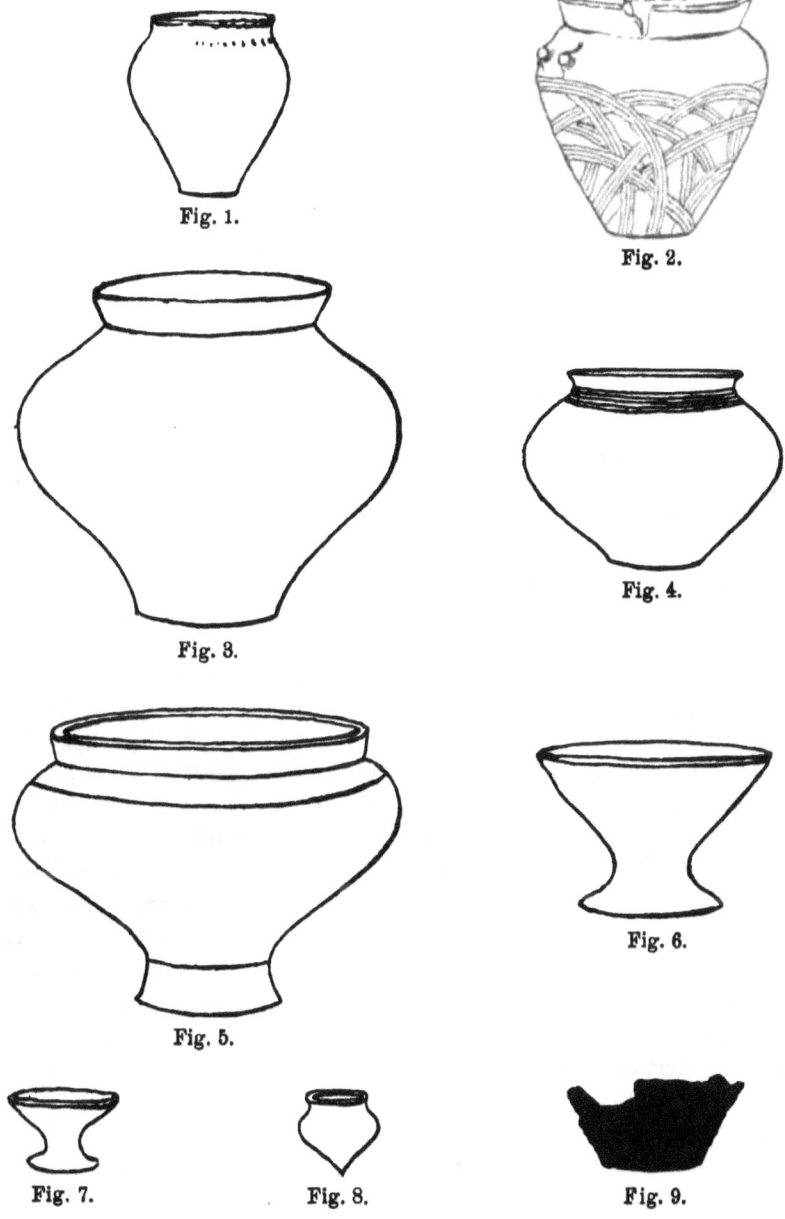

d) Ornamente.

Ein nicht unerheblicher Teil der aus den Hügelgräbern stammenden Gefässe ist völlig unverziert. So sah Koenen aus den Gräbern von Rheindahlen acht Tongefässe, von denen auch nicht ein einziges irgendeine Verzierung aufwies[214]. Die ornamentierten Urnen und Töpfe zeigen die Dekoration selten auf der ganzen Oberfläche, meist nur am oberen oder unteren Teil. Am häufigsten finden sich um den Hals oder Bauch laufende parallele, tiefere oder flachere Rillen, an die sich zuweilen andere Motive, wie hängende konzentrische Halbkreise, schraffierte Dreiecke und Zickzacklinien, anschliessen[215]; die letzteren treten hin und wieder auch selbständig auf[216]. Daneben erscheinen Strichgruppen[217], abwechselnd rechts und links gerichtet. Gruppen von je drei halbkugligen Eindrücken, Spinngewebe- und Kielfederornament werden ebenfalls bezeugt[218].

Bei ganz rohen Töpfen treten Fingernageleindrücke auf dem Rand und Nagelkerben am Hals auf[219]. Sehr wesentlich ist das Vorkommen von Bodenverzierungen[220].

Bezüglich weiterer Einzelheiten verweise ich auf die ausführliche Darstellung der Ornamente bei Rademacher[221]. Ebenda ist auch das Notwendigste über das vereinzelte Auftreten von Nuppen, Leisten und Henkeln zu finden.

Bei weitem wichtiger ist nun eine Verzierungsweise, die zugleich praktischen Zwecken dient und aus diesem Grunde namentlich bei roheren Kochtöpfen angewandt worden ist. Das Rauhmachen des unteren Teiles derartiger Gefässe geschieht zunächst dadurch, dass die Oberfläche durch Sandbewurf den höchsten Grad von Unebenheit erhält. Der Umstand aber, dass der Sandbewurf oft felderweise auftritt, lässt erkennen, dass auch hiermit zugleich dekorative Wirkung beabsichtigt war. Wohl noch häufiger wurde eine vollkommene Rauhigkeit erreicht durch das Zerkratzen der Oberfläche mit besenartig verbundenen Reisern. Waren nur wenige Stäbchen nebeneinander befestigt, so entstanden durch Einritzen nicht allzu tiefer Linien senkrechte, wagerechte oder schräge Strichgruppen, die bei nahezu regelmässiger Verteilung eine dem Flechtwerk ähnliche Verzierung hervorriefen und dem ganzen Gefäss das Aussehen eines Korbes gaben. Die Verwendung des mehrzinkigen Instrumentes scheint mir mit dem Auftreten des Kornornamentes geradezu in gewissem Zusammenhange zu stehen. Die Nachahmung von Metallgefässen in Ton ist ja eine der bekanntesten Erscheinungen der Vorgeschichte. Da wäre es sehr sonderbar, wenn man nicht einmal versucht hätte, einen Korb aus Weiden- oder Binsengeflecht nachzuahmen. Die Geschichte des Korbornamentes ist für die Prähistorie Deutschlands so bedeutsam, dass wir bei Besprechung der Chronologie der Hügelgräber auf sie noch einmal zurückkommen müssen. Meist hat man versucht, das Flechtwerk eines Korbes durch eingeritzte Linien nachzuahmen.

In ganz anderer, man darf wohl sagen, fast vollendeter Weise ist die Nachahmung eines Korbes in Ton geglückt mit einer Urne[222], die auf der Golzheimer Heide bei Düsseldorf gefunden wurde und jetzt eines der interessantesten Stücke des Historischen Museums in Düsseldorf ist. Rautert beschreibt das Urnenfragment folgendermassen[223]: „Es ist ganz mit einem rohen Reliefschmucke bedeckt, welcher dem Geflecht eines Korbes gleicht und wahrscheinlich durch Einfurchung vermittels eines Stäbchens hergestellt ist." Meiner Ansicht nach muss die Herstellung anders erfolgt sein. Allerdings ist der Reliefschmuck „roh", nämlich wenig gebrannt; aber gerade daran erkennt man, dass er, nachdem das eigentliche Gefäss bereits im Brande gewesen war, aufgetragen worden ist und zwar so sorgfältig, dass man nicht nur die Geduld, sondern auch die Geschicklichkeit des Herstellers bewundern darf. Diese Urne, in der sich angebrannte Knochenreste und der Rest eines Fingerringes aus dünnem Metalldraht vorfanden, scheint in der Tat einzig in ihrer Art darzustehen. Ich wenigstens habe ein zweites Exemplar nirgends gesehen, und eine Reihe von Autoritäten bestätigte mir, dass ein zweites derartiges Stück nicht bekannt sei (S. 41 Fig. 9).

3. Die Chronologie der Hügelgräber.

Zur Bestimmung der chronologischen Stellung der Hügelgräber kommen neben den charakteristischen Gefässformen in allererster Linie die Beigaben in Betracht. Leider ist die Zahl derselben eine äusserst geringe; im anderen Falle wäre die chronologische Frage auch längst gelöst. Dazu sind die meisten Beigaben wenig bezeichnend. Die gedrehten und ungedrehten Ringe und Ringelchen, die zu Kugeln zusammengeschmolzenen Bronzereste und die kleine Zahl der gefundenen Lanzenspitzen sind für die genaue zeitliche Festlegung durchaus nicht entscheidend. Ausserdem ist die Aufzählung und Heranziehung der Beigaben die schwache Seite vieler Berichte. Wir müssen mit allerschärfster Kritik an die Arbeit gehen, einer Kritik, die nichts unnützerweise vernichtet, was noch von irgendwelcher Bedeutung sein kann, die auch noch unter einer verdächtigen Hülle nach dem guten Kerne sucht, die aber rücksichtslos alles beiseite wirft, was mit den Hügelgräbern selbst durchaus nichts zu tun hat. Scharfe Kritik ist hier ganz besonders geboten, weil namentlich bezüglich der Beigaben aus römischer Zeit Dinge zur Zeitbestimmung herangezogen worden sind, die für die Zeitstellung der Hügelgräber nicht als Zeugen gelten können. Beweiskräftig ist zunächst nur, was in oder wenigstens unmittelbar neben charakteristischen Grabgefässen gelegen hat.

Unglaubliches ist bezüglich der chronologischen Bestimmung der Hügelgräber von Genthe[224] geleistet worden. Von all den Fundstücken, die Genthe aufzählt, ist kein einziges entscheidend; die grösste Zahl derselben steht zu den Hügelgräbern überhaupt nicht in Beziehung. Scheiden wir alle unsicheren und nicht genügend verbürgten Funde aus; es bleiben uns noch hinreichende, sicher gestützte Anhaltspunkte übrig, die über die chronologische Stellung der Hügelgräber gar keinen Zweifel lassen. —

a) Beziehungen zur Hallstattzeit.

Als ich an die Bearbeitung der niederrheinischen Hügelgräber ging, glaubte ich, es würde eine meiner Hauptaufgaben sein, den Zusammenhang zwischen der niederrheinischen Kultur und der Hallstattkultur nachzuweisen. Für mich selbst war neben den Schrägrandgefässen mit deutlichem Hallstattprofil das Material des Kölner „Anthropologischen Vereins" völlig ausschlaggebend. Die bemalten Gefässe sowie die überaus häufige Anwendung der Graphitverzierung wiesen nicht nur nach Süden, sondern bestimmten auch die Zeit der Anlage dieser Gräber mit erfreulicher Sicherheit. Im Mainzer Museum suchte ich nach Fussbechern und -schalen, um auch für diese eigenartigen Gefässe den Anschluss zu finden, und Herr Dr. Reinecke verpflichtete mich zu grossem Danke, indem er mich auf derartige Exemplare aufmerksam machte, die — was mir sehr wichtig war — der älteren Hallstattkultur entstammen:

1. Mehrere Fussschälchen aus Kicklingen bei Dillingen, bayrischer Regierungsbezirk Schwaben.
2. Hailtingen (Museum zu Riedlingen). Württemberg, Donaukreis.
3. Nierstein, Kreis Oppenheim, Rheinhessen.

Dass auch die Spitzbecher in Hallstattgräbern häufig sind, darf als bekannt vorausgesetzt werden. Ein Vergleich der Hügelgräberkultur mit der Mehrener[225] und Birkenfelder[226] Hallstattkultur schloss für mich jeden Zweifel aus. Bald darauf wies Schumacher im Bericht der „Römisch-germanischen Kommission des Kaiserlichen Archäologischen Instituts"[227] darauf hin, dass Hörnes[228] („Die Hallstattperiode") die hier in Rede stehenden „Ausstrahlungen der Hallstattkultur" noch nicht in Betracht gezogen habe. Schumacher teilt die Funde der Wedau (Duisburg) ausdrücklich der „allerdings schon etwas verblassten Hallstattkultur" zu. Nachträglich konnte ich die Erfahrung machen, dass man in Museumskreisen mehrfach schon die niederrheinischen Funde der jüngeren Hallstattzeit zuschrieb. So rechne ich in dieser Frage kaum noch auf Widerspruch. Einer „verblassten Hallstattkultur" gehören die niederrheinischen Hügelgräber unzweifelhaft an; nur darf man sie nicht etwa alle der ältesten Eisenzeit, der sogenannten jüngeren Hallstattzeit zuweisen wollen, die ja heute ganz allgemein bis zum Jahre 500 v. Chr. gerechnet wird. Ich hoffe beweisen zu können, dass diese „Hallstattkultur" auch durch die letzten vorchristlichen Jahrhunderte (die La Tène-Zeit) fortwirkte — und zwar bis hinein in die römische Kaiserzeit, dass also die Träger der Hügelgräberkultur auch zur Kaiserzeit in der Keramik noch auf der Stufe der Hallstattkultur standen.

Zunächst suchen wir jedoch die Frage zu beantworten, wie weit wohl die Hügelgräber ins I. vorchristliche Jahrtausend hinaufreichen mögen. Hinterlassenschaften der älteren Hallstattkultur sind in niederrheinischen Hügelgräbern nicht gefunden worden und kommen meines Wissens in dieser Gegend überhaupt nicht vor. Die niederrheinische jüngere Hallstattkultur scheint dagegen unmittelbar anzuknüpfen an die jüngste nordische Bronzezeit.

Das Vorkommen bronzezeitlicher Scherben in der Hügelerde eines Grabes bei Dünnwald hat Lehner[229] jedenfalls richtig als früheres Begräbnis gedeutet, und der Hinweis auf die bronzezeitlichen Funde von Cobern an der Mosel[230] ist mindestens sehr interessant. An sich wäre damit natürlich die Annahme einer unmittelbaren Anknüpfung an die Bronzezeit nicht unbedingt geboten. Weit wahrscheinlicher wird uns diese Annahme schon durch die ebenfalls von Lehner erkannte Verwandtschaft der in diesem wie auch in einem anderen Grabe (No. 2)[231] gefundenen Urnentypen mit solchen der jüngsten Bronzezeit; der in der ersten Urne vorhandene Schleifenring[232] ist den Resten von Bronzeringen von Rodenbach bei Neuwied[233] sehr ähnlich. Auch die Rodenbacher Urne[234] steht der Form nach denen aus niederrheinischen Hügelgräbern sehr nahe; sie ist mir noch besonders wichtig durch die Herstellung des Ornamentes mit einem mehrzinkigen Instrument[235]. Im Prähistorischen Museum zu Köln befinden sich einige Urnen von Vlodrop, die ebenfalls als Übergangsformen betrachtet werden dürfen[236]. Von grosser Bedeutung für die Klärung dieser Frage ist das Fragment eines dünnblättrigen Wendelringes, das ich bei O. Rademacher in Köln sah[237]. Es stammt aus der Urne eines Hügelgrabes im Lohmarer Walde bei Siegburg. Derartige Ringe gehören in den Beginn der Eisenzeit[238]. Jedenfalls ist der Bronzewendelring von Lohmar einer der ältesten Zeugen der Grabhügel. Über den Beginn der Eisenzeit gehen diese nicht hinaus. So lässt sich das Alter der frühesten Gräber einigermassen genau bestimmen. Wir dürften kaum fehlgreifen, wenn wir **die ältesten niederrheinischen Hügelgräber etwa dem VIII. bis VII. vorchristlichen Jahrhundert zuschreiben.**

Es wäre eine dankbare Aufgabe, die natürlich im Rahmen dieser Arbeit nicht gelöst werden kann, die Beziehungen der Hügelgräber zur voraufgehenden Bronzekultur eingehend zu beleuchten. Mir will es scheinen, als ob die Erzeugnisse der „verblassten" Hallstattkultur ein Gemisch wären von heimischer Bronzezeitkultur und südlichen (Hallstatt-) Einflüssen. Die heimischen Elemente sind vielleicht sogar sehr stark vertreten und gewinnen später wieder mehr und mehr die Oberhand, als der südliche Kulturstrom nach und nach versiegt, weil er durch die neuen aus dem Süden Galliens kommenden La Tène-Einflüsse ersetzt wird, deren Wirkung am Niederrhein so gut wie gar nicht zu verspüren ist.

b) Beziehungen zur La Tène-Zeit.

Es ist geradezu ein bezeichnendes Merkmal der Hügelgräberkultur, dass sie von den Einflüssen der La Tène-Kultur fast völlig unberührt geblieben ist. Keines der vielen Gräberfelder weist die so bekannten La Tène-Typen auf; die La Tène-Flaschen kommen am Niederrhein nirgends vor. Trotzdem lassen sich Anhaltspunkte dafür finden, dass diese Landschaft auch während der La Tène-Zeit besiedelt war. Schon einzelne Funde sprechen dafür, die unbedingt dieser Zeit angehören und als Beigaben ins Grab gelegt worden sind. Ich habe folgende sichere Fundobjekte feststellen können:

1. **Altenrather Heide bei Troisdorf, Kreis Siegburg.** In der Urne eines Hügelgrabes lag eine eiserne La Tène-Nadel mit breitem

Kopf und einer Ausbuchtung am Halse. (Jetzt im Prähistorischen Museum zu Köln.)

2. In der Wedau bei Duisburg fand Herr Professor Dr. Averdunk im letzten Winter eine ähnliche eiserne La Tène-Nadel in einem hohen Topfe[239]. (Jetzt im Rathaus zu Duisburg.)

3. Lohmar bei Siegburg. Eiserner Gürtelhaken. (Prähistorisches Museum zu Köln.)

4. Flingern bei Düsseldorf. „Eisenfibeln des Typus von La Tène[240]."

Diese Fibeln erwähnt auch Schneider[241]; sie sollen in der Sammlung Guntrum im Historischen Museum zu Düsseldorf sein. Auch Herrn Dr. Weynand ist es bisher nicht gelungen, sie aufzufinden. Immerhin könnte uns das Zeugnis Koenens genügen. Wünschenswert wäre es jedoch, zu erfahren, welcher La Tène-Typus hier vertreten ist. Unzweifelhaft sichere Zeugen der La Tène-Zeit sind auch die hohen, eiförmigen, zylindrischen Töpfe[242], die sich aus der Menge der stärker profilierten bauchigen Urnen[243] als eigenartige Gruppe herausheben und auch mit den etwas breiteren Gefässen[244] (B. J. LII Taf. IV V 11) wenig Verwandtschaft zeigen. Die zylindrischen Töpfe sind fast immer roh gearbeitet, meist gelbgrau, sehr häufig unverziert. Bei ihnen allein tritt jedoch auch die recht primitive Verzierung durch Fingernageleindrücke auf dem Rand und am Hals auf[245]. Schon Form und Technik belehren uns, dass diese Gefässe mit den auf Hallstatteinflüsse zurückgehenden Tonwaren nichts zu tun haben. Da ist es denn von grosser Bedeutung, dass uns diese Erkenntnis durch eine ganze Reihe von Fundumständen bestätigt wird. Wo uns die Fundumstände eine genaue chronologische Festlegung ermöglichen, da gehören die zylindrischen Töpfe entweder der frühen Kaiserzeit oder der La Tène-Zeit, niemals dagegen der Hallstattzeit an:

1. Golzheimer Heide bei Düsseldorf (Historisches Museum zu Düsseldorf).

2. Rheindahlen (Historisches Museum zu Düsseldorf).

3. Duisburg (mit La Tène-Nadel)[246].

4. Köckelsum, Kreis Lüdinghausen[247].

Dieselbe Gefässform findet sich auch im Tretrererlande:

5. Hirstein, Fürstentum Birkenfeld. (In Brandgräbern der.Spät-La Tène-Zeit[248].)

6. Hermeskeil. In einem dieser Töpfe lag eine sogenannte Früh-La Tène-Fibel (Tafel III 26)[249]. —

Ich habe bereits (S. 46) die Vermutung ausgesprochen, dass die heimischen Elemente während der La Tène-Zeit wieder mehr zur Geltung gelangt seien, nachdem sie während der Hallstattzeit von südlichen Einflüssen fast erdrückt worden waren. Als Bestätigung meiner Ansicht gilt mir vor allem die Verzierung durch Anwendung des **mehrzinkigen Instrumentes und das Korbmuster**. Ich bin der Entstehung und Verbreitung dieser Motive nachgegangen, kann aber im Rahmen dieser Arbeit unmöglich die ganze Fülle des Stoffes verwenden. Die Anwendung des mehrzinkigen Instrumentes („Kammstrich") geht zurück bis in die Bronzezeit[250]. Auch zur Herstellung des Korbmusters ist das Instrument damals schon benutzt worden[251]. Während der Hallstattzeit machen sich beide Elemente kaum bemerkbar. Korbmuster sind zwar auch da nicht allzu selten, werden aber stets durch tief eingerissene, weit voneinander entfernte Linien hergestellt und haben mit den Korbmustern der späteren Zeit nicht die geringste Ähnlichkeit. Bisher wurden Kammstrich und Korbmuster wegen ihres häufigen Auftretens bei Nauheim[252] vielfach als Eigentümlichkeiten der Spät-La Tène-Zeit angesehen. Tatsächlich scheinen sie auch niemals häufiger verwendet worden zu sein als in den beiden Jahrhunderten unmittelbar vor und nach Christi Geburt. Während dieser Zeit ist das Korbmuster fast über ganz Deutschland verbreitet, und zwar derartig häufig, dass uns die zahlreichen Gefässe der niederrheinischen Hügelgräber[253], welche mit diesem Muster verziert sind, als Beweis dafür gelten können, dass die Hügelgräber mit Sicherheit — vielleicht sogar zu einem sehr grossen Teile — diesen beiden Perioden zugehören. Auf die Anwendung des mehrzinkigen Instrumentes und der Flechtverzierung bei frührömischen Gefässen „belgischer Technik"[254] will ich hier nur hinweisen.

Zur Verwendung des Korbmusters nur noch einige Beispiele:

1. Gräberfeld Nienbütttel bei Ülzen. (La Tène- und Kaiser-Zeit.)[255]
2. „ Rassau bei Ülzen. (Mit eisernen Gürtelhaken.)[256] La Tène-Zeit.
3. „ Schmetzdorf, Kreis Jerichow II. (Segelohrringe, Mittel-La Tène-Fibel, Gürtelhaken.) La Tène-Zeit[257].
4. „ Darzau. Kaiserzeit[258].
5. „ Fohrde (Westhavelland). Kaiserzeit[259].

6. Gräberfeld Grossneuhausen (Sachsen-Weimar). Kaiserzeit[260].
7. „ Wilhelmsau bei Rüdersdorf, Kreis Niederbarnim, Grab 28. Kaiserzeit[261].

c) Beziehungen zur Kaiserzeit.

Für die Frage der Zuteilung einer Reihe von Hügelgräbern zur römischen Periode ist das Gräberfeld auf der Golzheimer Heide bei Düsseldorf von grosser Bedeutung. Leider sind wieder einmal viele Fundobjekte zerstreut, teilweise sogar verschollen. Der immer noch stattliche Rest ist im Historischen Museum zu Düsseldorf ausgestellt und ergibt — namentlich durch die Aufstellung eines ganzen Grabinhaltes in ursprünglicher Lage — ein durch die Mannigfaltigkeit seiner Formen sehr charakteristisches Gräberfeld. Nachdem einige Einzelfunde das Interesse der damals in Düsseldorf ziemlich zahlreichen und unter Koenens, Rauterts und Guntrums Vorgang und Anregung überaus eifrigen Altertumsfreunde erregt hatten, betraute der Düsseldorfer Geschichtsverein im Jahre 1884 Oskar Rautert mit der planmässigen Ausgrabung[262].

Gerade, weil ich voraussehe, dass meine Ergebnisse bezüglich der Chronologie der Hügelgräber zunächst mannigfachem Misstrauen begegnen werden wegen der mit diesen Ergebnissen eng verknüpften Folgerungen, habe ich der Zeitstellung des Gräberfeldes von der Golzheimer Heide jede nur mögliche Aufmerksamkeit zugewendet. Unter den Funden wird auch ein gut erhaltener Denar des Augustus genannt. Er wäre von grosser Bedeutung, wenn er in einer charakteristischen Urne gelegen hätte. Darüber fand ich in Düsseldorf keinen Ausweis. Zu meiner Freude zeigte mir Herr Koenen in Bonn eine Bleistiftnotiz von Guntrum mit der Bemerkung, dass jener Denar des Augustus „in einer rohen Urne auf der Golzheimer Heide" gefunden worden sei. Die Genauigkeit und Gewissenhaftigkeit der Guntrumschen Angaben ist gewiss über allen Zweifel erhaben; dennoch wäre es natürlich sicherer, wenn wir sowohl den Denar wie auch die Urne ausfindig machen könnten, was weder mir noch auch dem Leiter des Düsseldorfer Museums, Herrn Dr. Weynand, der sich in dankenswerter Weise freundlichst darum bemühte, bisher gelungen ist. So werden immer noch nicht ganz unberechtigte Zweifel auftauchen können. Unwiderleglicher Beweis wäre nur die Autopsie. Nicht viel besser ergeht es uns mit einem zweiten Funde, der uns ebenfalls grosse Dienste leisten könnte, wenn er imstande wäre, jeden Zweifel auszuschliessen. Rautert[263] erwähnt „zwei Silbermünzen von Augustus, die sich nach den durchaus glaubwürdigen Mitteilungen des Herrn Guntrum in charakteristischen Gefässen dieser Gattung vorfanden, die an den ‚schwarzen Bergen' auf der Golzheimer Heide zutage kamen"[264]. Die Gefässe und eine Münze sind verschollen. — Nicht ganz vorübergehen dürfen wir an der von Schneider festgestellten Römerstrasse. Rautert sagt in seinem Vortrage: „Schneider hat konstatiert, dass die östliche, das Gräberfeld begrenzende Rheinstrasse zur Römerzeit erbaut, dass östlich von ihr kein germanisches Grab gefunden worden ist, dass die Strasse also die Grenze des Gräberfeldes bildet, obgleich auf ihrer östlichen Seite das Terrain dasselbe ist und auch keinerlei Hindernisse dem Beisetzen der Toten im Wege standen; daher auch das Gräberfeld in die Zeit nach der Erbauung der Strasse fallen muss, also in die Römerzeit." Ich bin gegen die von Schneider festgestellten Römerstrassen sehr misstrauisch und stehe mit diesem Urteil nicht allein; hier aber handelt es sich um die rechtsrheinische Hauptrömerstrasse, und da dürfte ein Irrtum wohl ausgeschlossen sein. Immerhin aber wäre es nicht unmöglich, ja sogar wahrscheinlich, dass im Zuge der späteren Römerstrasse bereits ein prähistorischer Weg rheinabwärts führte und so auch schon in früherer Zeit die Grenze eines Gräberfeldes bestimmen konnte. Die unbedingte Sicherheit dieses Beweises lässt sich nicht behaupten; ich lasse ihn also fallen. Bei weitem wichtiger ist die allgemein bezeugte Übereinstimmung[265] des Düsseldorfer Gräberfeldes mit dem von Koenen untersuchten und beschriebenen Gräberfeld von Rheindahlen, Kreis München-Gladbach auf der linken Rheinseite.

Auf diesem Gräberfelde wurde eine Urne gefunden von der Form B. J. LII Taf. IV V 11. Auf der Mitte des Bauches trug sie mehrere „vor dem Brand" eingeritzte Zeichen. Die ersten sind wohl (auch nach Lehners Urteil): LXXX; daran schliesst sich eine undeutliche Kritzelei an, die Koenen (wohl irrtümlich) für ein F nahm. Sicher ist, dass diese Zeichen römisch sind. Da sie „vor dem Brand" eingedrückt worden sind, so haben wir hier sogar einen unleugbaren Beweis dafür, dass dieses Gefäss zur Römerzeit nicht nur in das Grab gelegt, sondern während der Römerzeit auch fabriziert worden ist. Auch dieser wichtige Fund war längere Zeit hindurch verschollen, ist aber wieder aufgetaucht und befindet sich jetzt — wie mir Herr Direktor Lehner (Bonn) freundlichst mitteilte — in Kassel. Dieses interessante Fundstück von Rheindahlen ist für die Chronologie der Hügelgräber von allergrösster Bedeutung. Auch die schärfste Kritik kann an der Beweiskraft eines solchen Fundes nicht rütteln. — Es wäre zu wünschen, dass wir von den Münzfunden der Golzheimer Heide dasselbe sagen könnten. Zwar treten als Bürgen für die überlieferten Fundumstände Männer wie Guntrum, Rautert, Schneider und Koenen auf. Ihr Name fällt gewiss ins Gewicht; sie alle haben nie daran gedacht, dass ihre Mitteilungen und die aus ihnen gezogenen Schlüsse einmal in Zweifel gezogen werden könnten. Ich selbst möchte ihnen gern Glauben beimessen, weil die Fundberichte sich mit den inneren Gründen nicht in Widerspruch setzen, weil sie ja nur auf greifbare Weise bestätigen würden, was ich selbst aus dem Zusammenhange der Düsseldorfer Gräber mit der ganzen Kultur der Hügelgräber heraus geschlossen habe. Um so mehr muss ich es bedauern, dass uns hier die Gelegenheit genommen ist, auch dem kritischsten Zweifler mit unangreifbaren Beweisen aufzuwarten. War man von der chronologischen Bedeutung der Funde überzeugt, so hätte man auch dafür Sorge tragen müssen, dass sie für alle Zukunft einwandsfrei dastehen. Eine bildliche Darstellung der Gefässe, in denen die Münzen gefunden worden sind, hätte allein schon vollkommen genügt. Dass man diese unterlassen hat, ist um so verwunderlicher, als ja Abbildungen von Funden des Golzheimer Gräberfeldes vorhanden sind[266]. — Ebenfalls nicht ohne Einschränkung verwertbar sind die Funde von Flingern bei Düsseldorf[267]. „Hier wurde angeblich in einem Grabgefäss eine Mittelbronze von Nero gefunden und daneben das unter Fig. 8 abgebildete Fragment eines kleinen Topfes. Sehr bezeichnend für die frühere Arbeitsmethode ist es, dass man das Gefäss, in dem die Münze lag, weniger beachtete als das danebenstehende; letzteres wurde sogar abgebildet, weil es verziert war. Für die Chronologie ist es (bis heute wenigstens) ganz ohne Wert.

Die Funde von Eller und Klein-Eller im Kreise Düsseldorf[268] weisen insofern anderen Charakter auf, als die römische Ware in den Grabfunden vorwiegt. Über die Zeitstellung herrscht denn auch bei allen Beurteilern gar kein Zweifel. Die Sigillatagefässe allein genügen zur genauen Datierung. In ihnen fand man neben Knochenresten häufig noch Scherben von germanischen Gefässen. Dies alles ist beigesetzt „in quadratischen Gruben"[269]. Die Gräber von Eller sind der beste Beweis dafür, dass die Germanen der mittleren Kaiserzeit sich in ausgedehntestem Masse der römischen Fabrikate bedienten. Ihre eigene Töpferei wurde jedoch durch die Berührung in keiner Weise beeinflusst; denn sowohl in Eller wie auch in Klein-Eller begegnen wir den um diese Zeit auch bei den Elbgermanen so beliebten Fussurnen, die uns als Zeitgenossen der mittelkaiserzeitlichen Sigillatagefässe beweisen, dass jene Form auch am Rhein in Blüte stand, und zwar gleichzeitig mit ganz ähnlichen Typen in Mitteldeutschland[270]. In grösseren Mengen treten diese eigenartigen Gefässe auf germanischem, namentlich auf westgermanischem Boden nur während der Kaiserzeit auf, sind aber für diese Periode von so hervorragender Bedeutung, dass auch die reichsten und ausgedehntesten Gräberfelder von den verschiedensten Formen dieses Typus völlig beherrscht werden[271]. Neuerdings ist eine derartige Urne auch in einem Grabhügel im Scheuerbusch bei Wahn (Grab 57) gefunden worden. Da sie reichliche Graphitverzierung aufweist, scheint sie allerdings erheblich älter zu sein[272].

Zum Überfluss lag in einer jener Urnen von Eller noch eine Fibel von kaiserzeitlichem Typus (Hostmann: Darzau Taf. IX Fig. 6)[273].

Unter den von Genthe aufgezählten Funden des Duisburger Gräberfeldes kommen hier allenfalls die bronzene Schnalle[274] und die Glocke[275] in Frage. Beide gehören unzweifelhaft der Kaiserzeit an. Wären sie in einer Urne gefunden worden, so hätten wir einen Fund von entscheidender Bedeutung. Sicher ist, dass sowohl die Schnalle wie die Glocke in der Hügelerde eines Grabes lagen. Ich halte es durchaus für möglich, dass sie bei der Bestattung in das Grab hinein kamen; leider ist aber auch die Möglichkeit nicht ganz ausgeschlossen, dass beide Stücke später zufällig in die Hügelerde hineingerieten. Nun kam aber „nach dem Bericht Averdunks über die Tätigkeit des Duisburger Museumsvereins im Jahre 1905/06 in der Nähe von Grossenbaum in einem Grabe zusammen mit den Resten germanischer Gefässe eine kleinere römische Urne der ersten Kaiserzeit zum Vorschein"[276]. Es unterliegt also keinem Zweifel, dass auch die Duisburger Gräber bis in die Kaiserzeit hineinreichen.

Im Scheuerbusch bei Wahn[277] wurde in einer schwarzglänzenden Urne mit nach innen gebogenem Rande der Bronzekopf eines kaiserzeitlichen Schildbuckelnagels gefunden. Das Metallstück[278], welches C. Rademacher in einer Graburne desselben Friedhofes fand, kann meiner Ansicht nach nur das Fragment einer kaiserzeitlichen Fibel sein. Das Bruchstück besteht nur noch aus einer grossen Stützplatte und dem Teile des Bügels, der sich an sie anschliesst; der Bügelteil weist einen deutlichen Mittelgrat auf.

Die römischen Scherben (Grab 14) sind für die Chronologie der Hügelgräber ebensowenig zu verwenden wie das Sigillatabruchstück mit

Eierstab (Grab 27); ihre Gleichzeitigkeit mit der in beiden Hügeln vorhandenen Bestattung ist nicht über alle Zweifel erhaben.

Auch die Wohngrubenfunde „am dicken Stein" bei Troisdorf[279] dürfen nicht ohne weiteres zur Zeitbestimmung der Gräber herangezogen werden (Augustusmünze mit Nerostempel, Aucissafibel, römische und germanische Scherben gemischt). Genaueste Veröffentlichung der Fundumstände ist hier unbedingtes Erfordernis.

Bei Koenen in Bonn sah ich die Zeichnung eines Fibelfragmentes, das von einer Form herrühren muss, die der Fibel Almgren 207 ähnlich ist, also auch der Kaiserzeit angehört. Dieses Bruchstück wurde neben den Resten einer unverzierten Fussurne beim Pflügen auf dem Sand in der Nähe von Niederpleiss bei Siegburg gefunden[280] und könnte sehr wohl in der Urne gelegen haben.

Von grosser Bedeutung für die Chronologie der niederrheinischen Hügelgräber sind die Funde des Dortmunder Museums, welche der gleichen Kultur angehören. Die bevorstehende Veröffentlichung des reichen Materials wird uns neue wichtige Kenntnis verschaffen namentlich über die Ausbreitung der eigenartigen Kultur. Herr Direktor Baum war so freundlich, mich auf einen Fund[281] aufmerksam zu machen, der für die Chronologie der Hügelgräberkultur von ganz hervorragendem Interesse ist. Er weist dieselben Formen auf wie die niederrheinischen Gräber (Fussbecher und -schalen, Topf mit Fingernageleindrücken, Schrägrandgefässe). In einer Urne lag eine gerippte Glasperle der frühen Kaiserzeit.

Für die Datierung des niederrheinischen Materials durch Vergleichung mit frührömischen Fundplätzen ist eine Tatsache von grosser Bedeutung, die ohne die richtige Erkenntnis der chronologischen Stellung der Hügelgräber überhaupt nicht zu erklären war, trotzdem Lehner sie bereits vor mehr als zehn Jahren mit grossem Scharfblick beobachtet hatte. Lehner sagt in der Einleitung zu seiner Beschreibung der Mehrener und Hermeskeiler Funde[282]:

„Eine Erscheinung, die ich mir nicht recht erklären kann, möchte ich nicht unerwähnt lassen. Eine bestimmte Klasse von frührömischen Urnen, wie sie z. B. von Koenen in den Bonner Jahrbüchern LXXXVI (1888) Taf. V Fig. 17 32; Taf. VII Fig. 25 (Andernacher Gräberfeld) abgebildet sind und wie sie ganz ebenso in den frühesten Gräbern bei Trier vorkommen, scheinen in ihren Formen nicht auf die späten La Tène-Gefässe zurückzugehen, sondern gleichen ganz auffallend der normalen Urne von Mehren (vgl. Taf. I Fig. 1 21 33 und ähnliche)".

Die Mehrener Gefässe sind Hallstatttypen, wie sie am Niederrhein in ungezählten Exemplaren vorkommen, und zwar — wie ich behaupte — bis in die römische Zeit hinein. Das Auftreten dieser Formen in Andernach erklärt sich durch die unmittelbare Nachbarschaft nun von selbst und wird uns weiter gute Dienste leisten bei der Erörterung der Frage nach der Entstehung der „belgischen Technik". Wie aber Hallstattformen in frührömischen Gräbern des Trevererlandes zu erklären sind, das wird sich aus der Betrachtung ethnologischer Fragen ergeben. Hier interessiert uns lediglich die Tatsache, dass Typen, die sich nur aus Formen entwickelt haben können, die der niederrheinischen Hügelgräberkultur angehören, auch bei Andernach und Trier beobachtet worden sind, und zwar in Fundplätzen, die mit unumstösslicher Gewissheit der Kaiserzeit angehören. Weitere interessante Aufschlüsse dürfen wir von der Veröffentlichung der Urmitzer Funde erwarten.

Wichtig ist das Vergleichsmaterial, das die Ausgrabungen bei Haltern an der Lippe geliefert haben. Hier ist in anerkennenswerter Weise den „prähistorischen" Kulturresten die nötige Aufmerksamkeit gewidmet worden, in recht erfreulicher Ausführlichkeit namentlich von Professor Dr. Dragendorff. Der Liebenswürdigkeit dieses Herrn verdanke ich es auch, dass mir die genaue Besichtigung der Halterner Funde, namentlich auch der nichtrömischen Keramik, ermöglicht wurde.

Von hervorragender Bedeutung ist es, dass eine Reihe germanischer Scherben aus einer Wohngrube stammt, die „über dem zugefüllten Innengraben der römischen Befestigung lag. Die Wohnstätte ist also jünger als das römische Kastell, ist erst angelegt, nachdem die römische Verschanzung aufgegeben und zerstört war[283]." Der neben den germanischen Scherben gefundene Sigillatabrocken beweist, dass die Funde „aus einer Zeit stammen, die der Zeit der römischen Besetzung von Haltern nicht allzu fern liegt". Die Beschreibung Dragendorffs passt Wort für Wort auf die gesamte rohere germanische Keramik der ersten Kaiserzeit. Wenn aber von „Produkten eines ganz verwahrlosten Handwerks" gesprochen wird[284], so dürfen wir nicht ausser acht lassen, dass wir hier nur Scherben des gewöhnlichsten täglichen Gebrauchsgeschirres aus einer Wohngrube vor uns haben. In der Technik des Glättens und des Dämpfens waren die Germanen jener Zeit aber geradezu kaum übertroffene Meister. Die bessere Technik wird denn auch von Dragendorff gebührend hervorgehoben bei Besprechung der im Lager zerstreut aufgefundenen Scherben: „Der Ton ist reiner, die Oberfläche zum Teil sorgfältig geglättet; bei einigen sind auch Striche des Polierstäbchens sichtbar."

Ganz besonders wichtig ist mir noch eine feine Beobachtung Dragendorffs als Bestätigung meiner oben ausgesprochenen Ansicht. Bei Besprechung der Funde aus der Wohngrube, die auf dem zugeschütteten Graben des römischen Kastells errichtet war, sagt Dragendorff[285]: „Die stark umbiegenden Ränder der Urnen 1 bis 4 haben zwar auf den ersten Blick am ehesten noch Ähnlichkeit mit Hallstattprofilen. Dafür aber ist gerade hier der Ton dem der Kochtöpfe so vollkommen gleich, dass man auch hier sich auf die gesicherte Fundnotiz stützen kann." Hallstattprofile und Kaiserzeit scheinen unvereinbar nebeneinander zu stehen. Nun aber vergegenwärtige man sich meine Auseinandersetzungen über das Hineinreichen der Hallstattkultur bis in die Kaiserzeit hinein! Was nach der bisherigen Auffassung unvereinbar war, bei Haltern aber augenfällig zusammentraf, das erklärt sich jetzt von selbst.

Die Funde von Fulda[286] haben leider nur einzelne kleinere Scherben aufzuweisen, aus denen sich nicht leicht sichere Schlüsse ziehen lassen. Immerhin aber ist es bezeichnend, dass auch hier das mehrzinkige Instrument auftritt. Die Technik zeigt Übereinstimmung mit der sonst auf germanischem Gebiet üblichen. Grosse Ähnlichkeit mit der Fuldaer Keramik finden wir bei den von Hartmann aufgefundenen Scherben des „Römerlagers" bei Kneblinghausen, Kreis Lippstadt[287]. Kneblinghausen wie Fulda werden hoffentlich noch dankenswerte Beobachtungen liefern über die germanische Töpferware der frühen Kaiserzeit. Hier begnügen wir uns damit, die Verwandtschaft der Keramik germanischer Siedlungsplätze aus römischer Zeit mit der Keramik der Hügelgräberkultur am Niederrhein festzustellen. —

Als Resultat ergeben die vorstehenden Ausführungen, dass die niederrheinischen Hügelgräber von der jüngeren Hallstattzeit bis in die Kaiserzeit hineinreichen, also etwa vom VIII. Jahrhundert v. Chr. bis zum II. Jahrhundert n. Chr. Geburt.

4. Die ethnologische Stellung der Hügelgräber.

a) Kelten oder Germanen.

Welchen Wert hat nun die chronologische Festlegung der Hügelgräber? Wäre sie nur Selbstzweck, so entspräche der Lohn nicht ganz der aufgewandten Mühe. Unsere Aufgabe muss es sein, sie zu

einer Quelle für neue wissenschaftliche Erkenntnis auszugestalten.
Alles Graben und Sammeln hat nur dann einen Sinn, wenn wir aus
dem angehäuften Material neue Schlüsse ziehen können über den
inneren Zusammenhang der einzelnen Kulturströmungen, der mannigfachen Völkerverschiebungen. Die Möglichkeit derartiger Aufschlüsse
dürfte heute von niemand mehr geleugnet werden. Gewiss ist höchste
Vorsicht am Platze, gewiss werden wir auch einmal „durch Irrtum
zur Wahrheit" schreiten. Das darf uns jedoch nicht abhalten, an
diese für das Verständnis der Vor- und Frühgeschichte so bedeutsamen
Probleme heranzutreten. Ich bin der Überzeugung, dass wir in bezug
auf zahlreiche Fragen der rheinischen Prähistorie nicht vom Fleck
gekommen sind, weil überall die Hügelgräber im Wege lagen mit ihrer
eigenartigen Kultur, die sich in das bekannte Schema der vorzeitlichen Perioden nicht recht einreihen lassen wollte. Ihre Chronologie
wird in Zukunft der Schlüssel sein, der uns das Verständnis für diese
und jene kulturelle und ethnologische Eigentümlichkeit der Rheinlande
eröffnet. —

Die Hügelgräber liefern uns den Beweis, dass die Gegenden am
Niederrhein, um die es sich hier ja handelt, von der jüngeren Hallstattzeit an bis in die römische Zeit hinein, wenn auch nicht gleichmässig, so doch ununterbrochen ziemlich stark besiedelt waren. Die
Gleichartigkeit und Einheitlichkeit der Gräber lässt uns erkennen,
dass während dieser ganzen Zeit kein merkbarer Kulturwechsel stattgefunden hat. Zwar haben sich im Laufe der mehr als acht Jahrhunderte einzelne Formen gewandelt; ältere sind verschwunden, neue
sind hinzugetreten. Zuweilen finden sich — sehr zerstreut — Zeugen
neuer Kulturbewegungen der Nachbargebiete; im grossen und ganzen
aber zeigt jede Generation dasselbe Bild, und selbst die La Tène-Kultur
und die römische Okkupation vermögen dieser altüberlieferten nach
und nach „verblassten" Hallstattkultur kaum einen einzigen ihrer
charakteristischen Züge aufzudrücken. Der Grabritus bleibt während
der ganzen Zeit unverändert. Kulturwechsel ist also völlig ausgeschlossen. Dürfen wir dann annehmen, dass im Laufe der mehr als
acht Jahrhunderte auch kein Bevölkerungswechsel stattgefunden hat?
Zur Zeit des Auftretens der Römer am Rhein wohnten — mit einziger
Ausnahme eines Teiles der Menapier zur Zeit Cäsars[288] — am rechten
Ufer des Niederrheins Germanen. Wäre kein Bevölkerungswechsel
eingetreten, dann hätten also schon seit dem VIII. vorchristlichen
Jahrhundert in diesen Gegenden Germanen sitzen müssen. Das stände

mit der heute weit verbreiteten Anschauung in krassem Widerspruch. Die Tatsache wäre allerdings noch kein Beweis für die Unrichtigkeit jener Annahme. Die bisherige Feststellung der Grenzen zwischen Kelten und Germanen beruhte immer nur auf sprachlichen Rückschlüssen. Die Archäologie ist zur Beantwortung der Grenzfrage in Thüringen, an der Ems und an der Lippe mit vielem Glück und unter vielfacher Anerkennung auf den Plan getreten[289]; am Niederrhein aber hat sie bisher noch keine Ergebnisse für die Ethnologie erzielen können. Hier würde es sich um die Frage handeln, ob die Tatsache, dass kein Kulturwechsel stattgefunden hat, uns mit zwingender Notwendigkeit davon überzeugt, dass die Germanen schon im VIII. Jahrhundert am Niederrhein gesessen haben. Ohne weiteres dürfen wir diese Notwendigkeit nicht zugestehen. Denken wir daran, dass die Hallstattkultur nicht nur auf Germanen, sondern auch auf Kelten eingewirkt hat, so wäre sehr wohl die Möglichkeit vorhanden, dass Kelten während der jüngeren Hallstattzeit am Niederrhein gesessen hätten. Nach ihrer Vertreibung könnten sich die Germanen, die ja auf derselben Kulturstufe standen, von ihnen also durch die Funde schwer zu unterscheiden wären, an ihre Stelle gesetzt haben, ohne dass sich ein Kulturwechsel bemerkbar zu machen brauchte. So könnte es sein. Glücklicherweise haben wir einen Prüfstein für das Zutreffen oder Nichtzutreffen der erörterten Möglichkeit. In den südlichen Nachbargebieten sind wir über den tatsächlich stattgefundenen Bevölkerungswechsel schon genauer orientiert. Es kommen für diese Frage diejenigen Gegenden in Betracht, aus welchen die Kelten von den Germanen erst während der letzten vorchristlichen Jahrhunderte zurückgedrängt worden sind. In zweiter Linie aber werden uns diejenigen Landstriche beschäftigen müssen, in denen nach den Berichten der römischen Schriftsteller germanisch-keltische Mischbevölkerung ansässig war. Die Betrachtung der archäologischen Funde jener Gebiete muss uns Aufschluss geben, über eine etwaige genaue Unterscheidung beider Völkerschaften und über das Verhältnis der Kelten zur Bevölkerung am Niederrhein während der jüngeren Hallstattzeit; denn seit der Blüte der La Tène-Kultur müssen die Germanen bereits am Niederrhein gewohnt haben. Hätten damals noch Kelten jene Sitze innegehabt, so wäre die keltische La Tène-Kultur an ihnen sicher nicht so spurlos vorübergegangen.

Wir müssen also in erster Linie die Funde der Nachbargebiete aus der jüngeren Hallstatt- und der älteren La Tène-Zeit mit denjenigen der niederrheinischen Hügelgräber vergleichen. Ganz besonders dankbares Material liefert uns für diese Aufgabe das Treverergebiet, ein Material, das um so wertvoller ist, als uns die Funde teilweise ein Bild der Kultur des Mosellandes im Zusammenhange geben von der Hallstattzeit an bis in die Römerzeit hinein. Dazu kommt noch, dass wir es mit zuverlässigen Berichten zu tun haben. — Die jüngere Hallstattkultur des Mosellandes weist in vieler Beziehung Ähnlichkeit[290] mit der des Niederrheins auf. Durchaus abweichend ist der Grabritus. In den Hügeln, die aber die niederrheinischen an Grösse weit übertreffen, finden sich immer Skelette mit Steinpackungen vor[291]. Von der frühesten La Tène-Zeit an schlägt auch die Entwicklung der Keramik eine ganz andere Richtung ein als am Niederrhein[292]. Ein vollständiger Umschwung erfolgt etwa um die Mittel-La Tène-Zeit. Plötzlich und unvermittelt tritt der Leichenbrand auf, und mit ihm erscheinen im Mosellande Formen, die hier längst überwunden waren, von neuem[293]. Ich zweifle nicht, dass dieser Umschwung mit dem Einbruche niederrheinischer Germanen in Zusammenhang steht. Die Treverer waren wirklich — wie sie glaubten — Abkömmlinge von Germanen, keltisch-germanische Mischlinge. Jedenfalls ergibt sich aus der Betrachtung der Funde des Trevererlandes wie auch anderer Nachbargebiete[294], dass sich die niederrheinische Bevölkerung der jüngeren Hallstattzeit von den Kelten jener Gegenden wesentlich unterscheidet, dass also Germanen schon damals am Niederrhein sassen. Ist nun dieses Ergebnis unserer Betrachtung der archäologischen Funde in Einklang zu bringen mit der Ansicht der heutigen Sprach- und Geschichtsforscher? Oder ist der Widerspruch wirklich so unüberbrückbar, wie er uns erscheinen muss, wenn wir die gewonnenen Resultate mit dem Standpunkt K. Müllenhoffs vergleichen?

Etwa seit dem VIII. vorchristlichen Jahrhundert sollen, wie ich dargetan habe, die Germanen bereits am Niederrhein gesessen haben.

Die Frage: Wann haben die Germanen den Niederrhein erreicht? hängt aufs engste mit den Fragen nach der Abstammung der linksrheinischen Germanen und dem Ursprung und der Ausbreitung des Germanennamens zusammen.

Cäsar vernahm von den Remern[295]: plerosque Belgas esse ortos a Germanis Rhenumque antiquitus traductos propter loci fertilitatem ibi consedisse Gallosque, qui ea loca incolerent, expulisse.

Tacitus berichtet[296]: Treveri et Nervii circa affectationem Germaniae originis ultro ambitiosi sunt, tanquam per hanc gloriam sanguinis a similitudine et inertia Gallorum separentur.

Strabo sagt von den Nerviern[297]: τοῦτο Γερμανικὸν ἔθνος.

Schon Kossinna hat darauf hingewiesen[298], dass ältere und jüngere Geschichtschreiber bis zu Lamprecht[299] der Überlieferung ohne weiteres gefolgt sind. Anders die Sprachforscher. Müllenhoff (Zeuss und Herm. Müller folgend)[300] behandelt die Überlieferung als haltlose Hypothese. „Er war der Ansicht" — sagt Kossinna sehr treffend — „dass die linksrheinischen Germanen Kelten und frei von jeglicher germanischen Beimischung waren[301]."

In der Anzeige von Müllenhoffs „Deutscher Altertumskunde" bezweifelte Kossina bereits die Stichhaltigkeit der Gründe Müllenhoffs[302], die sich nur auf die keltische Sprachform der Volks-, Personen- und Flussnamen stützten. War die von Zeuss und Müllenhoff vertretene Ansicht auch sonst nicht ohne Widerspruch geblieben[303], so wurde sie am eingehendsten bekämpft von Rud. Much, Deutsche Stammsitze. 1892. (Abschnitt: Germanen am Niederrhein S. 159 ff.). Rud. Much nimmt germanische Einwanderung und starke germanische Oberschicht an. Seine Ansicht, dass die Germanen bereits im V. Jahrhundert v. Chr. die Rheingrenze in Norddeutschland gewonnen hätten, gab Much[304] wieder auf, nachdem von Kossinna nachgewiesen worden war, dass die von Rud. Much angeführten Gründe nicht durchweg stichhaltig seien[305].

Rud. Much selbst erwartet weitere Aufklärung von den archäologischen Funden.

Auch in dieser Frage hat Kossinna bereits die Archäologie zu Rate gezogen[306] und konnte feststellen, dass „die Weser von den Germanen im IX.—VIII. Jahrhundert schon südlich des 53. Breitengrades überschritten wird (an der Mündung noch früher), und dass gleichzeitig oder noch früher das Emsgebiet von der Mündung bis zur hannöversch-westfälischen Grenze, endlich die holländischen Provinzen Drenthe und Groningen besetzt werden. Im V.—IV. Jahrhundert sind die Gegenden zwischen oberster Hunte und Haase erreicht, ebenso — unter Umgehung des Teutoburger Waldes — das mittlere Lippegebiet". Kossinna fügt hinzu: „Ich habe, wie mancher andere Gelehrte aus anderen Gründen, die Müllenhoffsche Ansicht, dass die Flussnamen auf apa keltische Siedlung bedeuten, aus archäologischen, aber auch aus sprachlichen Gründen längst aufgegeben." Wir sehen, dass die durch die Betrachtung der niederrheinischen Hügelgräber gewonnenen Resultate zwar neu, aber mit dem neuesten Stande der Forschung (und zwar auf sprachlichem, historischem und archäologischem Gebiete) durchaus nicht unvereinbar sind.

b) Tacitus' Germania c. 27.

Von nicht geringer Bedeutung dürfte es sein, dass wir nun germanische Gräber aufweisen können, die — teilweise wenigstens — im Jahrhundert des Verfassers der Germania angelegt worden sind, die uns also als gleichzeitige Zeugen den Taciteischen Bericht illustrieren können. Auf die Übereinstimmung ist ja, wie schon oben bemerkt wurde, mehrfach hingewiesen worden; meist aber war man schon insofern auf falschem Weg, als man alle niederrheinische Hügelgräber ungefähr in die Zeit des Tacitus setzte oder es vermied, die Zeitfrage scharf zu fassen. So sind jene Hinweise für die Wissenschaft völlig belanglos geblieben; sie nahm nicht einmal Notiz davon. Selbst in den neuesten Kommentaren ist von niederrheinischen Hügelgräbern nicht die Rede, und so sind denn bestimmte Germanengräber der Taciteischen Zeit zur Erklärung des 27. Kapitels der Germania bisher überhaupt nicht herangezogen worden. Leicht wäre es bisher auch nicht gewesen. Germanengräber aus dem I. Jahrhundert kannte man längst, und zwar in vielen Gegenden Deutschlands, aber die wiesen doch zum grössten Teil anderen Charakter auf als den von Tacitus geschilderten. So waren denn selbst die besten Interpreten der Germania in schlimmer Lage, und was sie zur Erläuterung des 27. Kapitels herangezogen haben, ist nur ein Ausdruck jener Verlegenheit. Die Megalithgräber der neolithischen Periode, die doch von Tacitus zeitlich recht weit entfernt waren, die Gräber der Bronzezeit, der Völkerwanderungsperiode, kurz alle Gräber, die im Laufe von etwa fünf Jahrtausenden auf deutschem Boden errichtet waren, mussten herhalten, obgleich sie mit der Schilderung des Tacitus durchaus nichts zu tun hatten.

Im folgenden weise ich die Übereinstimmung der niederrheinischen Hügelgräber mit den Angaben des Tacitus im einzelnen nach:

„Funerum nulla ambitio."

Schlichter und einfacher konnte die Bestattung in der Tat kaum ausgeführt werden; zuweilen wurden die Knochenreste nicht einmal in eine Urne gelegt, sondern ohne diesen Schutz der Erde übergeben[307].

Die Einfachheit der Ausstattung ist ja auch die Ursache gewesen, dass bis heute nicht selten von einer armseligen Kultur der Hügelgräber gesprochen wird. Den Römern musste eine derartige Bestattungsweise im Gegensatz zu den prunkvollen Leichenbegängnissen[308] ihrer Landsleute und auch der Kelten ganz besonders auffällig erscheinen. (Cäsar: B. G. 6, 19: funera sunt pro cultu Gallorum magnifica et sumptuosa.)

„id solum observatur, ut corpora clarorum certis lignis crementur."

Von einer Art Dorn[309], die „wahrscheinlich" dabei verwendet wurde, hat sich in den Gräbern nichts finden lassen oder ist wenigstens nichts beobachtet worden. Dagegen werden Eiche, Buche, Kiefer und Wacholder bezeugt. (Siehe dazu S. 35.)

Sehr wesentlich ist es, dass alle Hügelgräber am Niederrhein ausnahmslos Brandgräber sind. Wenn Schweizer-Sidler sagt[310]: „Die Gräberfunde aus der germanischen Bronzezeit bestätigen die antiken Nachrichten", so ist das nur halb richtig. Ganz abgesehen davon, dass die Gräber der Bronzezeit für die Germanen des Tacitus nichts beweisen können, so hätte er höchstens von der jüngeren Bronzezeit sprechen dürfen. Die beiden ersten Perioden weisen wie die Steinzeit Skelettbestattung auf. Damit dürfte allein schon die Vermutung hinfällig sein, dass sich „die Leichenverbrennung im Gefolge der Bronzekultur von Mesopotamien her über Europa verbreitet habe"[311].

„struem rogi nec vestibus nec odoribus cumulant."

Schweizer-Sidler bemerkt dazu: „In einer älteren Periode legte man die Beigaben ins Grab." Es unterliegt gar keinem Zweifel, dass es auch noch zur Kaiserzeit geschah. Germanengräber dieser Zeit in anderen Gegenden weisen sogar recht reiche Beigaben auf. Selbst Gold und Silber sind nicht so selten, wie zuweilen angenommen wird. Bronze und Eisen treten oft in erstaunlicher Fülle auf[312]. Die Hügelgräber des Niederrheins bilden geradezu eine Ausnahme. Ganz fehlen die Beigaben auch hier nicht; aber sie sind äusserst selten und von geringem Wert. Ausser den bei Besprechung der Chronologie angeführten Beigaben fanden sich nur dünne Arm- und Fingerringe von Bronze, einige Nadeln, Tonfingerringe, Pinzetten, Tonperlen, von Bronze überfangen, kleinere Stückchen von Bronzeblech u. dgl. vor.

Bronzekügelchen und verschlackte Bronze wurden schon häufiger beobachtet und beweisen, dass einige Beigaben auch dem Brand ausgesetzt waren. Über den Platz des Scheiterhaufens s. S. 35 f.

„sua cuique arma, quorundam igni et equus adicitur."

Dass „jedem" seine Waffen mit ins Grab gegeben wurden, ist nach Ausweis der Grabfunde ausgeschlossen. Es ist dies die einzige Bemerkung, die mit den Fundumständen in Widerspruch steht. Wohl haben sich einzelne Lanzenspitzen gefunden[313], die aber im Verhältnis zur Zahl der Gräber wenig bedeuten wollen. In anderen Gegenden sind Waffen in Germanengräbern der Kaiserzeit immerhin bei weitem häufiger, und Tacitus mag bei obigen Worten mehr an andere Stämme gedacht haben als an die Germanen des Niederrheins. Falsch wäre es, den Schluss ziehen zu wollen, dass die niederrheinischen Germanen überhaupt keine Metallwaffen gehabt hätten. Jedenfalls hatten sie namentlich während der frühen Kaiserzeit für diese kostbaren Geräte eine bessere Verwendung, als sie den Verstorbenen mit ins Grab zu geben. Ganz anders lagen die Dinge bei germanischen Kriegern im Dienste Roms. Ritterling[314] dürfte gewiss auf dem rechten Wege sein, wenn er die Kriegergräber mit Waffen in der Nähe römischer Siedlungen[315] einheimischen Hilfstruppen zuschreibt, unter denen die Germanen doch recht zahlreich vertreten waren. Vielleicht wurde die von Tacitus geschilderte Sitte von ihnen in ausgiebigstem Masse geübt und war schon deswegen den Römern eine vertraute Sache. — Auf der Golzheimer Heide bei Düsseldorf wurden in einem Grabe Pferderippen aufgefunden[316], wohl die einzige Illustration, die uns zu dem „quorundum igni et equus adicitur" zur Verfügung steht.

„sepulcrum caepes erigit: monumentorum arduum et operosum honorem ut gravem defunctis aspernantur."

Schweizer-Sidler: „Viele Tausende von Grabhügeln sind in Schleswig, Jütland und auf den dänischen Inseln erhalten, die meisten hochgewölbt; die Mehrzahl stammt aus der Bronzezeit. Doch führte man auch schon über den grossen Steingräbern der Steinzeit Hügel auf, während die Eisenzeit flache Gräber bevorzugte." Die bronzezeitlichen Hügelgräber sind mehr als 1000 Jahre älter als Tacitus, haben also mit der Schilderung zunächst gar nichts zu tun. Richtiger ist schon, dass während der Eisenzeit — auch von den Germanen — flache Gräber bevorzugt wurden. Auch gerade zur Römerzeit legten die Germanen in allen Gegenden Deutschlands Flachgräber an, nur nicht am Niederrhein. Und gerade das ist mir ein sicherer **Beweis** dafür, dass **Tacitus bei seiner Schilderung nur die niederrheinischen Hügelgräber im Sinne gehabt haben kann.** In Zukunft dürfen einzig und allein diese Hügelgräber zur Erläuterung der Worte des Tacitus herangezogen werden. Die völlige Übereinstimmung mit dem Taciteischen Bericht ergibt sich aus der Besprechung der Anlage und des Inhaltes der Hügelgräber auf S. 34 f. u. S. 35 f.

c) Tacitus' Germania c. 2.

Schon die Beobachtung, dass die Schilderung der germanischen Bestattungsweise allein auf die damaligen Verhältnisse am Niederrhein passt, dessen Bevölkerung den Römern und vor allem auch dem besten Kenner Germaniens, Plinius, besonders vertraut war, könnte uns auf den Gedanken bringen, die germanischen Zustände am Niederrhein einmal mit denen anderer Landschaften zu vergleichen und im Lichte dieser Vergleichung den Bericht des Tacitus über die Kultur der Germanen überhaupt einer eingehenden Prüfung zu unterwerfen. Im zweiten Kapitel der Germania unterscheidet Tacitus bekanntlich Ingvaeonen, Herminonen und Istvaeonen, wohl auch hierin seiner hervorragendsten Quelle folgend[317]. Seit Müllenhoff fasst man die drei grossen Verbände mehrfach als eine Art von Amphyktionien[318] (Kultverbänden) auf. Archäologisch waren die drei Gemeinschaften bisher noch nicht zu unterscheiden. Wohl ganz allgemein aber betrachtete man, wie auch Schweizer-Sidler, die Istvaeonen als „die in der materiellen Kultur fortgeschrittenen Völker".

Nun ist aber auffallend, dass die niederrheinischen Hügelgräber und ihre Kultur räumlich etwa zusammenfallen[319] mit den Sitzen der Istvaeonen (Rheingermanen). Nach Ausweis der Hügelgräber waren diese Rheingermanen (nördlich der Sieg) auf der Stufe der Hallstattkultur stehen geblieben und verhielten sich ganz unzugänglich gegenüber den Vorzügen der von Südwesten kommenden La Tène-Kultur. Dieses Verhalten mag sich teils erklären aus einem Gemisch von treuem aber zugleich auch halsstarrigem Festhalten am Althergebrachten, hat aber gewiss auch seine Ursache in dem scharfen politischen Gegensatz zum Keltentum, mit dem die Rheingermanen in dauerndem, erbittertem Kriege lagen. Nicht weniger verhasst waren ihnen die keltisch-germanischen Mischlinge des linken Ufers und ihre einstigen Brüder, die Ubier, die sich kulturell von den Kelten nicht unterschieden und vor den Angriffen der Stammesgenossen von Agrippa über den Rhein hinübergenommen werden mussten.

Auch die Elbgermanen waren den Rheingermanen kulturell überlegen. Bei ihnen finden wir während der La Tène-Zeit den keltischen Einfluss massgebend, wenigstens auf dem Gebiete der Metalltechnik. Die Rückständigkeit der Rheingermanen und ihre Unzugänglichkeit der La Tène-Kultur gegenüber hat sich bitter gerächt. Die La Tène-Kultur war im wesentlichen Eisenkultur. Mit ihr hatten die Istvaeonen zugleich die besseren Waffen zurückgewiesen. Sicher haben auch sie Eisen besessen; sonst hätten sie schwerlich den Römern einen so hartnäckigen Widerstand leisten können. Wenn es aber den Römern gelang, ganze Stämme[320] dem Untergange zu weihen, so dürfte die mangelhafte Bewaffnung dabei nicht ohne Einfluss gewesen sein. Von den Elbgermanen hätte Tacitus unmöglich sagen können: „ne ferrum quidem superest[321]." Dass sie Eisen sogar im Überfluss besassen[322], beweist u. a. das erst vor kurzem ausgegrabene Gräberfeld von Nienbüttel, Kreis Ülzen[323].

Im folgenden füge ich eine kurze Zusammenstellung derjenigen Merkmale bei, durch die sich nach meinen Beobachtungen die Herminonen von den Istvaeonen unterscheiden[324]:

1. **Flachgräber.**
2. **Hochentwickelte Metalltechnik,** die sich in den Funden namentlich bemerkbar macht durch das Auftreten einer bedeutenden Zahl von Fibeln.
3. **Reicherer Besitz von Eisen.**
4. **Kenntnis und Anwendung der Rädchentechnik**[325].
5. Häufige Verwendung des „westgermanischen Mäanders".

5. Die Hügelgräberkultur und der römische Einfluss.

Noch vor zehn Jahren wäre es eine überaus schwierige Aufgabe gewesen, den Einfluss der Römer auf die materielle Kultur der Germanen feststellen zu wollen. Alle Versuche[326], die dahin zielten, sind denn auch vollständig gescheitert. Von der einheimischen, bodenständigen Kultur hatte man ein ganz falsches Bild. Ebensowenig besass man eine klare Vorstellung von den Kulturgütern, die durch römische Soldaten und durch italische Kaufleute an den Rhein gebracht wurden. So schwebten die Voraussetzungen wie die Schlüsse völlig in der Luft. Heute stehen wir auf dem festen Boden der Tatsachen. Wir wissen jetzt, wie sich römischer Einfluss bemerkbar machte; wir wissen es von denjenigen Gebieten, die dem römischen Einfluss tatsächlich unterworfen waren, und können am Ober- und Mittelrhein, namentlich aber im Mosellande die stufenweis fortschreitende Einwirkung römischen Lebens und römischen Kunsthandwerks in ihren einzelnen Phasen genau verfolgen[327]. Selbst die allmähliche Veränderung und Umwandlung gewisser Formen können wir an umfangreichem Fundmaterial nachweisen. Es hat sich dabei herausgestellt, dass die reingermanischen Stämme dem römischen Einflusse schneller unterlagen und der provinzialrömischen Kultur gegenüber weniger widerstandsfähig waren als die benachbarten Kelten[328].

So machte sich der römische Einfluss bemerkbar bei den wenigen germanischen Völkern, die den Römern unterworfen waren, die seit Drusus oder gar seit Cäsar und Agrippa zur politischen Machtsphäre der Römer gehörten.

Ganz anders lagen die Dinge bei den freien Germanen. Das Land rechts vom Niederrhein (von Rheinbrohl bis zum Bataverlande) war bekanntlich trotz aller Expeditionen niemals unbestrittener römischer Besitz. Die Kastelle an der Lippe waren doch nur einzelne Punkte mitten im feindlichen Lande, und auch sie konnten in den Jahren 9—15 n. Chr. nicht gehalten[329] werden. Die Germanen rechts vom Niederrhein waren also frei. Und wie die niederrheinischen Stämme schon der La Tène-Kultur gegenüber völlig unzugänglich gewesen waren, so verhielten sie sich auch der römischen Kultur gegenüber gänzlich ablehnend. Wenn Mommsen schon feststellte[330], dass die römische Kultur den Niederrhein nicht überschritten habe, so gilt das nicht nur in dem Sinne, den der Gelehrte im Auge hatte, sondern auch bezüglich derjenigen Kulturgüter, an die Mommsen noch nicht denken konnte und zum mindesten nicht gedacht hat. Von einer Einwirkung Roms auf die freien Germanen am Niederrhein kann nicht die Rede sein. Dafür sind uns die Hügelgräber beredtes Zeugnis. Wohl waren römische Münzen und einzelne römische Geräte im Besitze der Germanen; wohl benutzten diese während der mittleren Kaiserzeit sogar römische Terrasigillatagefässe als Graburnen. Nirgends aber macht sich wirklicher Einfluss bemerkbar. Der empfindlichste Gradmesser derartiger Einwirkungen ist nach der Beobachtung aller Archäologen die Keramik. Ich habe nicht ein einziges germanisches Gefäss aus niederrheinischen Hügelgräbern ausfindig machen können, das auch nur eine Spur von römischem Einfluss verriete. Technik, Brand, Verzierungsweise haben nicht die geringste Veränderung erfahren. Selbst die Töpferscheibe fand keine Aufnahme. Der Niederrhein aber steht nicht etwa einzig da. Auch die Bevölkerung der Umgebung von Haltern liess die römische Kultur spurlos an sich vorübergehen[331]. Und so war es bei den freien Germanen überall. Es ist hier unmöglich, auf alle Landschaften mit derselben Ausführlichkeit einzugehen; das muss weiteren Untersuchungen vorbehalten bleiben. Da ich jedoch das keramische Material schon heute einigermassen übersehe, so kann ich festatellen, **dass sich während der frühen und mittleren römischen Kaiserzeit (also in den ersten beiden nachchristlichen Jahrhunderten) römischer Einfluss überhaupt nicht bemerkbar macht.**

6. Die germanische Keramik und die „belgische Technik".

Die Kultur, auf welche die Römer bei ihrem Auftreten am Rhein stiessen, war — wie schon oben bemerkt wurde — stark genug, selbst in den von den Römern unterworfenen Gebieten der römischen gegenüber zum Teil ihre Eigenart zu behaupten. Aus den Elementen der einheimischen und der italischen Kultur entstand durch Vermischung und Aufnahme beiderseitiger Vorzüge die provinzialrömische Kultur am Rhein. In der Keramik tritt uns diese Mischkultur recht charakteristisch entgegen als sogenannte „belgische Technik".

Auf die Bedeutung der einheimischen Elemente für diese Tonware ist fast von allen Seiten hingewiesen worden. Die Frage ist hier nur, was wir unter „einheimischen" Elementen zu verstehen haben. Von den Germanen wurde kaum noch gesprochen, seitdem Dragendorff[332] Lindenschmitts Bezeichnung „romano-germanische Gefässe" rundweg abgelehnt hatte mit dem Zusatze, dass die belgische Technik mit germanischer Töpferei nichts zu tun habe, hingegen in der keltischen La Tène-Kultur wurzele. Und doch ist damit die Frage noch nicht erledigt. Die Hauptverbreitungsgebiete der belgischen Technik sind Landschaften, in denen nach den Berichten römischer Schriftsteller jene Stämme wohnten, die sich selbst für keltisch-germanische Mischlinge hielten. Weiter aber ist es gewiss nicht ohne Bedeutung, dass alle für die belgische Technik charakteristischen Elemente (Glättung, Schwärzung, Anwendung des mehrzinkigen Instrumentes, Rädchentechnik, Flechtverzierung) in der vorrömischen und auch noch in der kaiserzeitlichen Keramik der Germanen eine hervorragende Rolle spielen, natürlich unter Voraussetzung einer bei weitem einfacheren Technik. Die Frage der Entstehung der belgischen Gefässe kann nur gelöst werden durch genaues Studium der keltischen Tonware des inneren Galliens. Bis jetzt wissen wir darüber noch recht wenig. Dass die Germanen allein ausschlaggebend gewesen wären bei Entwicklung der einheimischen Elemente der belgischen Technik, halte ich selbstverständlich für ausgeschlossen; dass sie aber auch beteiligt waren, ist mindestens sehr wahrscheinlich, wenn nicht sogar sicher[333]. Für diese Frage wird die eingehendere Betrachtung der Kultur der linksrheinischen germanisch-keltischen Mischbevölkerung uns neue Einsicht erschliessen. Jedenfalls muss die germanische Keramik bei Erörterung des interessanten Problems mehr als bisher berücksichtigt werden.

Die zukünftigen Aufgaben der Hügelgräberforschung am Niederrhein.

Von den weit über fünfzig Gräberfeldern mit mehr als zweitausend ziffernmässig bezeugten Hügeln sind bisher recht wenige systematisch ausgegraben worden[334]. Kaum ein einziges aber ist unberührt geblieben. Die kostbaren Reste der germanischen Hügelgräberkultur dürfen selbstverständlich in Zukunft nur noch angegriffen werden, wenn die Ausgrabungsmethode allen Anforderungen der neuesten Ausgrabungstechnik entspricht. Das Hauptgewicht ist dabei auf die genaueste Beobachtung chronologisch bedeutsamer Fundumstände zu legen. Dann werden wir Klarheit erhalten über die Dauer der Benutzung einzelner Friedhöfe, über die feineren Unterschiede der Hügelgräberkultur in den einzelnen Epochen und — was von grösster Wichtigkeit ist — über die Art der Besiedlung. Die zu den Begräbnisplätzen gehörigen Ansiedlungen müssen und werden sich finden lassen[335]. Einer oberflächlichen Betrachtung werden die Ergebnisse derartiger Ausgrabungen zwar wenig glänzend erscheinen; aber für das Verständnis altgermanischer Kultur und für die ganze germanische Forschung werden diese Resultate von unberechenbarer Bedeutung sein.

Anhang.

Die absolute Chronologie der Augenfibel.

Die Gruppe der Augenfibeln spielt in der Geschichte der römisch-germanischen Beziehungen schon jetzt eine hervorragende Rolle und verspricht für die Zukunft ein „Leitfossil" allerersten Ranges zu werden. Almgren[336] nennt die eigenartige Verzierung, „die Augen", mit Recht eine der „sonderbarsten Erscheinungen der Vorgeschichte". Von jeher hat die Augenfibel denn auch das Interesse der Prähistoriker gefesselt.

Hostmann[337] war noch der irrigen Meinung, „dass dieser Typus ausserhalb römischer Niederlassungen nur eine auffallend geringe Verbreitung zeige", und nahm natürlich an, dass die Augenfibel unbedingt ein Fabrikat römischer Werkstätten wäre. Auf demselben Standpunkte stehen Tischler[338] und J. H. Müller[339].

Almgren meint[340], dass die Augenfibel germanischen Ursprunges, später aber namentlich von den unter römischer Herrschaft stehenden germanischen Stämmen weiterentwickelt worden sei.

Ich habe sowohl der Entwicklung als auch der Verbreitung der Augenfibel die gespannteste Aufmerksamkeit gewidmet und bin wenigstens in einer Beziehung zu einem gesicherten Resultat gekommen. Es gelang mir, für die wesentlichsten Entwicklungsstufen feste chronologische Anhaltspunkte zu finden, so dass die absolute Chronologie der Augenfibel vollkommen bestimmt ist, und zwar so fest, dass sie durch zukünftige Funde im einzelnen noch genauer erläutert, unmöglich aber erschüttert werden kann. —

Hostmann hatte die in Darzau gefundenen Formen der Augenfibel unter Bezugnahme auf die bei Amelinghausen, Kreis Lüneburg[341], an ähnlichen Fibeln beobachteten Fundumstände[342] richtig ins I. nachchristliche Jahrhundert gesetzt, sie aber fälschlich der zweiten Hälfte dieses Jahrhunderts zugeschrieben. Montelius[343] dagegen teilte die ältesten bei Darzau gefundenen Fibeln schon der ersten Hälfte des I. Jahrhunderts zu.

Almgren[344] schloss aus der Tatsache, dass die Augenfibeln „in den bei oder nach dem Ausgange des I. Jahrhunderts gegründeten römischen Ansiedlungen" fehlen, eine im Laufe des I. Jahrhunderts vollzogene schnelle Entwicklung der Formen. Als einigermassen zeitbestimmend konnte er damals nur den Fund von Andernach („Zeit um Tiberius") mit Kupfermünze des Augustus etwa aus dem III. Jahrzehnt n. Chr. anführen[345]. Sonst war bis dahin über die einzelnen Stufen der Entwicklungsreihe nichts zu ermitteln. — Wenn heute der ganze Entwicklungsgang dieser interessanten Fibelgruppe klar vor uns liegt, so verdanken wir das der schärfsten Beobachtung aller chronologisch wichtigen Umstände bei Ausgrabungen römischer Lager und Siedlungen. —

Trotz vielfachen Suchens habe ich weder das Prototyp[346] der Augenfibel noch die etwas spätere Form[347] irgendwo entdecken können. Augenfibeln mit durchbrochenem Nadelhalter[348] scheinen nur in Böhmen häufiger aufzutreten. Mehrere derartige Augenfibeln („mit offenen Augen und durchbrochenem Nadelhalter") wurden auch auf dem Spät-La Tène-Gräberfeld „im Geschling" bei Sondershausen gefunden und befinden sich jetzt im Museum zu Sondershausen[349]. —

Am Rhein fehlen nach meinen Beobachtungen die Vorstufen der Augenfibel bisher völlig; aber auch die älteste Form der vollentwickelten Augenfibel (Taf. II Fig. 1)[350] tritt am Rhein verhältnismässig selten auf. Das lehrt allein schon das Verhältnis der bei Almgren aufgezählten, vom Rhein stammenden Exemplare zu denen, die auf germanischem Boden gefunden worden sind[351]. Nun liesse sich Almgrens Liste heute ohne Schwierigkeit nicht unerheblich erweitern; ob das Verhältnis dadurch ein anderes würde, scheint mir jedoch mehr als fraglich zu sein.

Uns interessieren hier nur diejenigen Funde der Fibel Almgren 45, die chronologisch unbedingt zuverlässig sind. Da ist es nun von nicht geringer Bedeutung, dass unter den zahlreichen Fibelfunden von **Novaesium**[352] die eben besprochene Form, die wir als Typus I bezeichnen wollen, überhaupt nicht auftritt.

Im frührömischen Lager bei **Hofheim**[353] (seit 40 n. Chr.) wurde neben „mehr als 30 Exemplaren" späterer Form eine einzige Fibel „mit seitlich offenen Schlitzen wie Almgren 45" gefunden. Ich verdanke der Freundlichkeit des Herrn Professor Dr. Ritterling eine Zeichnung dieser Fibel (Taf. II Fig. 8), die an Eigenartigkeit nichts zu wünschen übriglässt[354]. Schon Ritterling macht darauf aufmerksam, dass die Gestaltung des Fusses entschieden die jüngere Form aufweist und keinerlei Verzierung zeigt. Dazu kommt noch, dass der Bügel keine volle Scheibe, sondern fast nur noch einen Kamm trägt und dass der Spiraldraht vierkantig ist, was nach Almgren nur bei seiner jüngsten Form (Almgren 53) vorkommen soll[355]; recht auffällig ist es, dass hier sogar der Sehnenhaken, ein Hauptcharakteristikum der voll entwickelten Augenfibel, überhaupt fehlt. Die Sehne dagegen ist stark verbreitert, um so der Rolle den nötigen Halt zu geben[356]. Die Hofheimer Augenfibel weicht also mit Ausnahme der Schlitze von der gewöhnlichen Form des Typus I in jeder Beziehung ab und ist, wie Ritterling richtig sagt, „wichtig für Erläuterung der Tatsache, wie lange sich einzelne Charakteristika der Form auch bei jüngeren Stücken halten können". Das Ergebnis unserer Betrachtung ist, dass der reine Typus I (Almgren 45) weder in Novaesium noch in Hofheim vorkommt. —

Auf dem Gelände der Selsschen Ziegelei bei Neuss, das nach den aufgefundenen Münzen etwa bis 20 n. Chr. stärker besiedelt war[357], wurde unter acht Augenfibeln nur ein Exemplar vom Typus I aufgefunden[358]. —

Der Typus I[359], „zugleich Anfang und Höhepunkt der ganzen Gruppe, immer elegant und sorgfältig ausgeführt"[360], scheint sich nicht lange unverändert behauptet zu haben. Almgren[361] hat an einer Detailzeichnung Salins beobachtet, dass an einer Fibel der eine Schlitz an seinem inneren Ende offenbar infolge eines Gussfehlers geschlossen ist, und vermutet, dass derartige Zufälligkeiten den ersten Anlass gegeben hätten, die Schlitze ganz zu schliessen. Die eben genannte Erscheinung hätte Almgren auch an den Darzauer Augenfibeln im Provinzialmuseum zu Hannover, die er ja gesehen hat, beobachten können. Unter den fünf Darzauer Exemplaren sind auch nicht einmal zwei, die sich vollkommen gleichen; sie stellen vielmehr eine bis ins einzelnste lückenlos fortschreitende Entwicklung des Typus I zum Typus II der Augenfibel dar. Ein glücklicher Zufall hat diese beiden ältesten Typen der Augenfibel nebst ihren Zwischenstufen hier zusammengeführt:

I. (Inv.-No. 6405): An beiden Seiten offene Schlitze wie Almgren 45. Breiter Sehnenhaken; stark profilierte Seitenknöpfe am Bügelkopf; Scheibe; Dreieckzeichnung am Fusse. Es ist das von Hostmann abgebildete Stück (Darzau, Taf. VII Fig. 1). Taf. II Fig. 1.

II. (Inv.-No. 6407): Nur ein Auge noch mit seitlich offenem Schlitz; der andere Schlitz ist an seinem inneren Ende durch einen ganz dünnen Steg geschlossen. Taf. II Fig. 2.
III. (Inv.-No. 6408): Beide Schlitze sind durch sehr dünne Verbindungsstege geschlossen. Taf. II Fig. 3[362].
IV. (Inv.-No. 6406): Beide Augen verwachsen; aber als Erinnerung an die Schlitze sind deutliche Einschnitte (Furchen) ausgefeilt (wie bei Almgren 47).
V. (Inv.-No. 6409): Die Augen sind hier dargestellt durch Löcher, die durch breite Stege vom Aussenrande getrennt sind. (Abbildung Hostmann, Darzau Taf. VII Fig. 2.) Taf. II Fig. 4.

Damit sind wir beim zweiten wesentlichen Entwicklungsstadium der Augenfibel (Typus II) angekommen. Es erweist sich auch schon dadurch als jünger, weil der unter dem Bügel befindliche Teil der Scheibe schon erheblich niedriger ist als bei Typus I. Die Seitenknöpfe des Bügelkopfes sind jedoch noch kräftig profiliert. Alle zwischen Typus I und Typus II liegenden Formen stellen nur flüchtige Übergänge dar, die aber gerade dann um so bedeutsamer werden, wenn wir sie chronologisch sicher fixieren können. Das ist uns möglich bei dem in **Haltern** gefundenen Exemplar[363]. Diese Augenfibel (Taf. II Fig. 5) ist in den Westfälischen Mitteilungen IV[364] zweimal abgebildet worden. Keine dieser Abbildungen gibt das wesentliche Moment ganz getreu wieder, wovon ich mich im Museum zu Haltern wiederholt überzeugt habe[365]. Die Augen sind sehr gross. Zwar sind die einstigen Spitzen der hier noch genau zu erkennenden, weit geöffneten Augenschlitze durch Stege miteinander verwachsen; die Verbindungsstege sind aber ganz schwach und dünn, rechts einem Faden gleichend. Das Ausfeilen einer Furche wäre eine Unmöglichkeit gewesen. Der Sehnenhaken ist schon etwas schmaler als bei Typus I; das Ende des Fusses ist nicht breit wie bei den meisten älteren Augenfibeln und weist auch kein Dreieck auf, aber die Scheibe ist noch vollständig. Es kann keinem Zweifel unterliegen, dass dieses Exemplar nicht nur älter ist als Almgren 50, sondern auch noch älter als Almgren 46, 47, 49. Es steht dem Typus I etwa ebenso nahe wie dem Typus II und bezeichnet vielleicht dieselbe Entwicklungsstufe wie Darzau, Inv.-No. 6408 (Provinzialmuseum Hannover). (Taf. II Fig. 3.)

Diese Halterner Fibel wurde gefunden[366] „im Uferkastell (letzte Periode) beim Ausräumen der Balkenlagen in den regelmässigen

Baracken", und zwar „neben den Balkenendenlöchern am Boden des Grabens"[367]. Da wir nun wissen, dass Haltern im Jahre 17 n. Chr. von den Römern aufgegeben wurde, so ist uns damit ein festes Datum gegeben für diese Entwicklungsstufe der Augenfibel. Konnte die Weiterentwicklung des Typus I in den letzten Regierungsjahren des Augustus oder in den ersten des Tiberius schon im Gange sein, so muss der Typus I unbedingt auch bereits im I. Jahrzehnt des I. nachchristlichen Jahrhunderts im Gebrauch gewesen sein; ob auch schon vor Christi Geburt, das werden hoffentlich neue Funde erweisen. Jedenfalls haben wir jetzt ein gutes Recht, den Typus I der Augenfibel in den Beginn unserer Zeitrechnung zu setzen, den Typus II aber mit seinen ersten Entwicklungsstufen (Fig. 3, 4 und 5), die natürlich mit den letzten Entwicklungsstadien des Typus I gleichaltrig sein können, dem II. Jahrzehnt zuzuweisen. Diese Annahme wird auch gestützt durch eine zweite Augenfibel von Haltern (Taf. II Fig. 6), die während der letzten noch nicht veröffentlichten Ausgrabungen „auf dem Boden des Prätoriums" gefunden wurde[368]. Die zweite Halterner Fibel weist ebenfalls geschlossene Augen (Löcher) auf und steht typologisch etwa zwischen Fig. 3 und 4. Im übrigen bemerken wir an ihr besondere Eigentümlichkeiten (Stellung der Seitenknöpfe), so dass wir sie als eine Nebenform betrachten müssen, die etwa in eine Reihe mit Almgren Fig. 54 und 48 zu setzen ist.

Für die absolute Chronologie ist die eben besprochene Augenfibel von grosser Bedeutung, weil auch sie den Beweis liefert, dass die Entwicklung der Augenfibel schon vor der Zerstörung Halterns (17 n. Chr.) bis zu den beiderseits geschlossenen Augen vorgerückt war, dass also in der Tat die ältesten Formen des Typus II dem II. Jahrzehnt angehören. Diese Tatsache wird uns noch bestätigt durch die Funde der Selsschen Ziegelei (bis 20 n. Chr.), wo unter acht Augenfibeln nicht weniger als fünf dem Typus II angehören. Es ist selbstverständlich unmöglich, jedem einzelnen Übergangsstadium einen chronologisch genau fixierten Platz unter den übrigen Zwischenformen anzuweisen. Sehr wahrscheinlich ist es z. B., dass die Form Almgren 47 jünger ist als Fig. 5; dagegen würde ich nicht zu entscheiden wagen, ob sie älter oder ebenso alt oder jünger wäre als die Fibel (Fig. 4). Ich möchte fast annehmen, dass wir es hier mit zwei parallelen Entwicklungsreihen zu tun haben, die von einem gemeinsamen Ausgangspunkte kommen und schliesslich auch wieder zusammenlaufen.

Die eine Reihe (mit starker Umwallung der Augen) würde etwa dargestellt durch Fig. 1 (wo die Umwallung noch verhältnismässig schwach ist) Fig. 2, 3, Almgren 47, Fig. 4, 7, Almgren 49 (eingeritzte Kreislinie als Rest der Umwallung).

Dieser Reihe parallel ginge dann die Entwicklung der Fibeln ohne Umwallung, also etwa Fig. 5 und 6 (etwa gleichaltrig mit Almgren 47 der ersten Reihe), Almgren 46, Almgren 50. Dabei ist gewiss nicht ausgeschlossen, dass die Umwallung auch einmal bei Exemplaren der zweiten Reihe auftritt. Gerade diese Mannigfaltigkeit der Formen ist ja ein Beweis für die Geschicklichkeit und Fertigkeit der Handwerker und Fabrikanten. Wir müssen uns auch hüten, aus der Typologie der feinsten Übergänge gar zu weitgehende Schlüsse ziehen zu wollen für die Chronologie, was bei der enorm schnellen Entwicklung der Augenfibel sogar unnötig ist. Da es uns gelingt, den Hauptentwicklungsstufen ihren Platz in den einzelnen Jahrzehnten anzuweisen, so sollen uns die Zwischenformen wenig stören, wenn wir auch nichts versäumen wollen, alle auftretenden Erscheinungsformen gewissenhaft zu verzeichnen.

Für die Chronologie des Typus II ist ein bei Urmitz gefundenes Exemplar von grosser Wichtigkeit. Es befindet sich im Provinzialmuseum zu Bonn (Inv.-No. 17 863)[369].

Die Urmitzer Augenfibel ist 4,6 cm lang; die Seitenknöpfe sind noch kräftig profiliert; die Augen sind als Löcher dargestellt. Die Fibel ist jünger als die Halterner (Fig. 5), (die Augen sind nicht mehr so gross); sie ist aber wohl älter als die Andernacher Fibel[370], bei der die Seitenknöpfe schon einfache Zapfen sind. Die Urmitzer Augenfibel wurde in einem Grabe (vermutlich Kindergrab)[371] gefunden, zusammen mit einem schwarzen Ürnchen belgischer Technik, dem Unterteil einer kleinen Urne mit Schachbrettmuster und einem Mittelerz des Augustus (Altar von Lyon), das ganz abgegriffen war und den Gegenstempel AVG aufwies. Wir können diesen Fund ins III. Jahrzehnt n. Chr. setzen, vielleicht in den Anfang, während das Andernacher Exemplar mehr dem Ende zugehören mag[372].

Typus II fand sich in Novaesium in vier Exemplaren, in Hofheim in einem Exemplar vor.

Nach und nach waren die Löcher, welche Augen darstellten, immer kleiner geworden (Almgren 50). Schliesslich finden wir an Stelle der Löcher nur noch Grübchen oder eingestempelte Doppelkreise (auch gestanzt, mit erhöhtem Mittelpunkt).

Dieser Typus III[373] kommt in zwei Exemplaren schon auf der Selsschen Ziegelei vor. Ebenfalls zwei Stücke fanden sich in Novaesium (Inv.-No. 9638 und 9639), auch in Hofheim ist der Typus, wenn auch ebenfalls nur in wenigen Exemplaren, vorhanden. Bestimmte chronologische Angaben sind bis jetzt noch nicht möglich. Die Zeitbestimmung des Typus III ergibt sich jedoch mit Sicherheit aus seiner Stellung zwischen Typus II und dem später zu behandelnden Typus IV. Damit stimmt es denn auch vollkommen überein, dass Typus III sowohl in Gemeinschaft mit den Typen I und II (Selssche Ziegelei) als auch mit den Typen II und IV (Hofheim und Novaesium) auftritt. Dagegen ist es sehr interessant, dass der reine Typus I in den in Betracht kommenden, in sich geschlossenen und chronologisch genauer bestimmbaren Funden römischer Niederlassungen bisher nicht ein einziges Mal mit den Typen III und IV zusammen vorkommt.

Die Degeneration der Augenfibel schreitet — wenigstens auf provinzialrömischem Gebiete — rasch fort. Bald sind „die Augen" ganz verschwunden (Typus IV), der Sehnenhaken ist immer schmaler geworden; aus der Bügelscheibe wurde ein Kamm[374], dieser wird immer niedriger, zuletzt fehlt er ganz (Hofheim 18861). Hand in Hand mit diesem raschen Verfall geht die Umbildung des Fusses. Die Halterner Exemplare haben schon nicht mehr den breiten „Entenschnabel"; in Hofheim und Novaesium wiegen die Formen mit spitzem Fusse geradezu vor. Fast will es so scheinen, als ob in römischen Niederlassungen die fast zahllos auftretende Drahtfibel (Almgren Fig. 15), die „Fibel des gemeinen Mannes", auf die Augenfibel eingewirkt hätte. Denn am Schlusse der ganzen Entwicklung verschmälert sich sogar der Bügelkopf und geht über in den Bügelhals, der seinerseits seine Fortsetzung findet in der Spirale. Ritterling hatte für diese Fibel die treffende Bezeichnung „hybride Form". (Inv.-No. 18863, aus Hofheim; Museum Wiesbaden).

Diese ganze Entwicklung der Augenfibel vom so überaus charakteristischen Typus I bis zu den verwaschenen Formen des Typus IV hat sich nicht — wie Almgren meinte[375] — im Laufe des ganzen I. Jahrhunderts vollzogen, sondern sie ist bereits abgeschlossen mit dem Jahre 50 n. Chr. Auch die letzten Formen kommen noch in dem älteren Lager bei Hofheim vor, das mit dem Jahre 50 n. Chr. seinen Abschluss dadurch findet, dass es — jedenfalls auf dem bekannten Raubzuge der Chatten — zerstört wird[376].

So erklärt sich auch die Tatsache, dass wir in Limeskastellen überhaupt keine Augenfibeln mehr antreffen.

Gerade die ungemein schnelle Entwicklung gibt nun aber der Augenfibel eine ausserordentliche Bedeutung für die Chronologie. Selbstverständlich müssen wir damit rechnen, dass ältere Typen auch einmal später auftauchen können. Das sind aber nur Ausnahmen; sie können die Bewertung der Fibel als zeitbestimmendes Objekt nicht wesentlich beeinflussen. Auf jeden Fall ist uns durch eine Augenfibel ein sicherer terminus post quem gegeben, und der Spielraum dürfte bei ihnen geringer sein als bei Münzen. —

Bezüglich des Ursprunges der Augenfibel bin ich der Überzeugung, dass Almgren unbedingt im Recht ist, wenn er meint, die Augenfibel sei ursprünglich germanisch und habe sich namentlich bei den unter römischer Herrschaft stehenden Stämmen weiterentwickelt.

Beweis dafür ist mir die Beobachtung, dass die Vorstufen der Augenfibeln in römischen Ansiedlungen noch gar nicht, die älteste Form sehr selten gefunden worden ist. Südlich der Donau ist die Augenfibel nur in ganz wenigen Exemplaren vertreten; im Osten Frankreichs sowie in Belgien mit Ausnahme der Gegend von Spa scheint sie ganz zu fehlen[377].

Alle diese Tatsachen sprechen unbedingt für den germanischen Ursprung der Augenfibel. Auf die späteren Umbildungen dagegen scheint die provinzialrömische Kultur nicht ohne Einfluss gewesen zu sein.

Augenfibel.

Vorstufe:

Spät-La Tène
1. Almgren, Fig. 18.
2. „ Fig. 44.
3. Mit durchbrochenem Nadelhalter.

Typus I (mit Schlitzen):

I. Jahrzehnt n. Chr.
1. Beide Schlitze offen (Darzau: Museum Hannover. Hostmann VII 1. Inv.-No. 6405). Taf. II Fig. 1.
2. Ein Schlitz geschlossen (Darzau: Museum Hannover. Inv.-No 6407). Taf. II Fig. 2.
3. Beide Schlitze geschlossen (Darzau: Museum Hannover. Inv.-No. 6408). Taf. II Fig. 3.
4. Mit ausgefeilten Furchen (Darzau: Museum Hannover. Inv.-No. 6406). (Almgren 47.)
5. Nebenform (ohne Sehnenhaken). Taf. II Fig. 8.

Typus II (mit Löchern):

II. Jahrzehnt n. Chr.
1. Verbindungsstege sehr dünn (Haltern 1904 190). Taf. II Fig. 5.
1a. Nebenform (Haltern). Taf. II Fig. 6.
2. Verbindungsstege breiter (Darzau: Museum Hannover, Hostmann VII 2. Inv.-No. 6409). Taf. II Fig. 4.
3. Mit ausgefeilten Furchen (Wiesbaden 18809). Taf. II Fig. 7.
4. Löcher von eingeritzter Kreislinie umgeben (Almgren 49).

III. Jahrzehnt n. Chr.
5. Urmitzer Augenfibel (Provinzialmuseum Bonn. Inv.-No. 17863).
6. Andernacher Augenfibel (etwa Almgren 50).

Typus III:

IV. Jahrzehnt n. Chr.
1. Mit Grübchen (Almgren 51).
2. Mit Doppelkreisen (Almgren 52).

Typus IV (ohne Augen):

V. Jahrzehnt n. Chr.
1. Mit Kamm (Hofheim 16780). (Almgren 53.)
2. Ohne Kamm (Hofheim 18861).
3. „Hybride Form" (Hofheim 18863).

Tafel II.

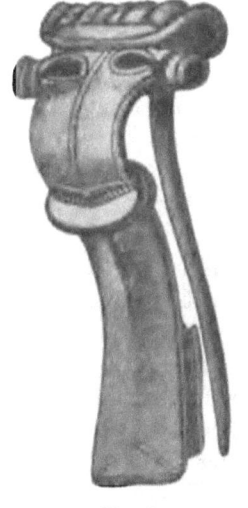

Fig. 1.

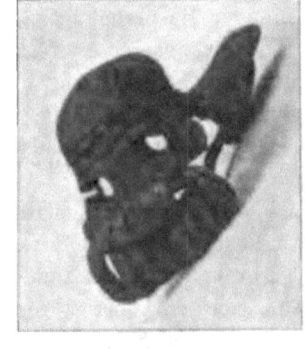

Fig. 2.

Fig. 3.

Fig. 4.

Fig. 5.

Fig. 6.

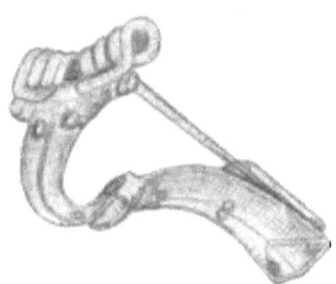

Fig. 7.

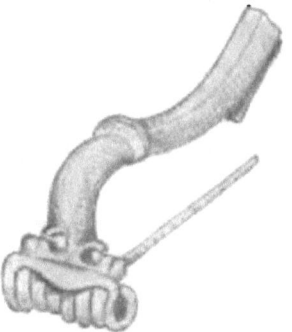

Fig. 8.

Um zu beweisen, welchen Wert die genaue Feststellung der absoluten Chronologie der Augenfibel für die archäologische Forschung, namentlich aber für die Beurteilung germanischer Altertümer hat, verwenden wir die bei vorstehender Besprechung gewonnenen Resultate zur Bereicherung und zur Klärung unserer Anschauungen über die für das Verständnis altgermanischer Kultur so bedeutsamen Darzauer Funde und benutzen zugleich die Gelegenheit, die Bedeutung des Darzauer Friedhofes für die Siedlungsfrage im Innern Germaniens ins rechte Licht zu rücken.

Der Darzauer Urnenfriedhof[378] umfasste einen Raum von „46 000 Quadratfuss"; es zeigten sich „Reste einer aus Stein roh aufgerichteten Einfriedigung"[379]. Die Urnen standen frei im Sande; die meisten waren ohne Deckel, oft aber fand sich ein oben abgeplatteter Granitstein daraufgelegt. Hostmann beobachtete Reihen, die von Westen nach Osten liefen, und „4 Fuss" Abstand voneinander aufwiesen. Innerhalb derselben waren die Urnen „3 Fuss" voneinander entfernt, so dass also auf eine Urne etwa „12 Quadratfuss" kamen.

Bemerkenswert ist noch[380], „das weiter nach Norden hin die Urnenreihen von der ursprünglichen geraden Linie mehr und mehr abwichen und mit einer gewissen Zurückhaltung vor der Nordgrenze, die sie nicht völlig erreichten, sich unregelmässig zusammendrängten".

Diese scharfen Beobachtungen sind für uns unschätzbar und werden noch erhöhte Bedeutung gewinnen bei gründlicher Behandlung von Siedlungsfragen. Wären nur alle die fast unzählbaren germanischen Friedhöfe der Kaiserzeit so systematisch durchforscht worden, wie der von Darzau!

So wertvoll uns Hostmanns Beobachtungen heute noch sind und so wertvoll sie für alle Zeiten bleiben werden, so verfehlt, ja geradezu unbegreiflich sind doch die Schlüsse, die er gezogen hat.

Hostmann selber meint[381], „Schlüsse sowohl auf die Stärke der Bevölkerung wie auf die Dauer des Friedhofes ziehen zu wollen, dürfte kaum als zulässig erscheinen". Auf die Weise, wie er es gleich darauf dennoch versucht, freilich nicht; denn ganz willkürlich nimmt er an, dass der Friedhof „für den Bezirk einer halben Quadratmeile" gedient habe, und noch willkürlicher legt er „die jetzigen Bevölkerungsverhältnisse" zugrunde. Mag das Resultat der Hostmannschen Berechnung zufällig richtig sein oder nicht, die Methode ist auf jeden Fall ganz falsch.

Und dennoch lassen sich heute aus Hostmanns Beobachtungen sichere Schlüsse ziehen. — Die Grössen, welche hierbei in Betracht kommen, sind:
1. die Zahl der Gräber,
2. die Sterblichkeitsziffer,
3. die Dauer der Benutzung des Friedhofes,
4. die Bevölkerungsdichtigkeit.

Hostmann will die dritte Grösse berechnen; die erste und zweite sind ihm bekannt. Da sich aber aus zwei Bekannten niemals zwei Unbekannte berechnen lassen, so setzt er für die vierte Grösse eine willkürliche Zahl ein, „unsere jetzige Bevölkerungsstärke". Das muss ein ebenso willkürliches Resultat ergeben. Wohl aber lässt sich aus drei Bekannten die vierte unbekannte Grösse berechnen. Und drei Bekannte haben wir.

1. Die Zahl der Gräber hat schon Hostmann ganz richtig berechnet. Bei einer Grösse des Friedhofes von „46000 Quadratfuss" und einem Flächenraum von „12 Quadratfuss" für ein Grab kämen auf den ganzen Friedhof 3833 oder rund 4000 Gräber.

2. Die Sterblichkeitsziffer ist dieselbe geblieben, da sich das Durchschnittsalter seit jener Zeit nicht merklich verändert hat.

3. Lässt sich die Zeitdauer des Friedhofes feststellen?

Die südlichsten Reihen haben sich als die älteren erwiesen, die Belegung des Friedhofes schritt regelrecht nach Norden hin fort, so dass die jüngsten Gräber in den nördlichsten Reihen liegen.

Schon Montelius[382] hat festgestellt, dass die jüngsten Gräber in Darzau etwa um 200 n. Chr. angelegt wurden. Die ältesten Reihen schreibt Montelius der ersten Hälfte des I. Jahrhunderts n. Chr. zu. Ich stimme dieser Feststellung vollkommen zu, vermag aber den Anfangspunkt noch genauer zu fixieren und zwar mit Hilfe der eben ermittelten absoluten Chronologie der Augenfibel. Die nur in der südlichsten Reihe des Darzauer Friedhofes auftretenden Augenfibeln gehören den beiden ersten nachchristlichen Jahrzehnten an. So dürfen wir feststellen, dass auf dem Darzauer Begräbnisplatze etwa vom Beginn unserer Zeitrechnung an bis etwa 200 n. Chr. begraben worden ist, also rund 200 Jahre hindurch. Sollte der Einwand erhoben werden, dass durch die Augenfibeln doch immer nur der terminus post quem bestimmt wird, so mache ich darauf aufmerksam, dass es sich hier um fünf Exemplare einer äusserst charakteristischen Fibelgruppe handelt, die sämtlich in der südlichsten

Reihe lagen und unter sich eine lückenlose typologische Entwicklung darstellen, dass mit diesen ältesten Formen keine einzige jüngere Form gefunden wurde, und dass auch die übrigen Funde den Schlussfolgerungen nicht widersprechen. —

4. Sind nun aber im Verlaufe von 200 Jahren 4000 Tote begraben worden, so kommen auf das Jahr 20 Todesfälle. Der Friedhof gehörte also einer Gemeinschaft (Dorf, Gau, Mark), die der Bevölkerungsstärke eines heutigen **stattlichen Dorfes von mindestens 800 Seelen** entspricht.

Ich mache noch besonders darauf aufmerksam, dass Delbrück aus ganz anderen Gründen ungefähr dieselbe Zahl (750) als Einwohnerzahl eines germanischen Dorfes annimmt[383].

Von grosser Bedeutung ist auch die Tatsache, dass nach Ausweis der Funde die Darzauer Begräbnisstätte **ununterbrochen** in Benutzung gewesen ist, und zwar **200 Jahre** hindurch, eine Zahl, die für die Frage der Sesshaftigkeit[384] der alten Germanen sehr in Betracht kommen dürfte.

Anmerkungen.

[1] Zarnckes Literar. Zentralbl. (1900) 731 ff.
[2] Vgl. Korr. d. D. Ges. f. Anthr. (1895) 109 ff.
[3] Vgl. dazu Delbrück, Geschichte der Kriegskunst II 1 (1901) 158: „Das übereinstimmende Urteil von zwei anerkannten Fachautoritäten ist durch die tatsächlichen Feststellungen der Archäologen widerlegt worden."
[4] Dio 54 33 4. Riese, Rhein. Germ. III 57.
[5] Tacitus, Ann. I 56. Riese IV 31.
[6] Korr. d. D. Geschichts- und Altertumsvereine 1858 No. 1 S. 8.
[7] B. J. CXI/CXII (1904) 245.
[8] Nass. Ann. XXIX (1897/98) 115.
[9] Westd. Z. XVIII 211 f.
[10] Westfäl. Mitteilungen III (1903) 92.
[11] Siehe dazu auch Beschluss der Generalversammlung zu Erfurt 1903. (Korr. d. Gesamtver. d. D. Geschichts- und Altertumsvereine 1904 No. 2 Sp. 70 f.)
[12] Bernheim, Einleitung in die Geschichtswissenschaft 62. Leipzig 1907 (Göschen).
[13] Vgl. dazu Bernheim, Lehrbuch der historischen Methode (1889) 31 ff.
[14] Delbrück, Geschichte der Kriegskunst II 2 (1901) 246 ff.; Delbrück, Preussische Jahrbücher CV (1901) 555. Dazu: Dahm, Ravensberger Blätter 1904 No. 6. Schuchhardt a. a. O. No. 7/8.
[15] Zarnckes Literar. Zentralbl. (1900) 731 ff.
[16] Der Urnenfriedhof von Darzan in der Provinz Hannover. Braunschweig 1874.
[17] Korr. d. Gesamtver. d. D. Geschichts- und Altertumsvereine 1904 No. 2 Sp. 67—70. Ebenda: (1907) 55. Siehe auch: Beck, Der Einfluss der römischen Herrschaft auf die deutsche Eisenindustrie. Mainzer Festschrift 1902.
[18] Osc. Almgren, Studien über nordeuropäische Fibelformen. Stockholm 1897.
[19] Nordeuropäische Fibelformen 1. Stockholm 1897.
[20] Sophus Müller, Urgeschichte Europas 166 f. Strassburg 1905.
[21] S. Müller, Nordische Altertumskunde II (1898) 51.
[22] Urgeschichte Europas (1905) 167.
[23] Nordische Altertumskunde II 56.
[24] Siehe Anhang dieser Arbeit Taf. II Fig. 1.
[25] Urgeschichte Europas (1905) 168 f.
[26] Urgeschichte Europas 168 Fig. 143.
[27] Vgl. dazu auch Höfer, Korr. d. Gesamtver. 1904 Sp. 72 f.
[28] Kossinna (Strassburger Vortrag 1907), Korr. d. D. Ges. f. Anthr. usw. (1907) 166.

[29] Es verdient hervorgehoben zu werden, dass die Einfuhr römischer Waren nur eine allerdings zunehmende Fortsetzung der seit Beginn der Bronzezeit, also seit vollen zwei Jahrtausenden bestehenden Einfuhr italischer Waren ist.
[30] S. Müller, Nordische Altertumskunde II (1898) 62 Fig. 40.
[31] Osc. Montelius, Svenska fornm. fören. tidskrift IX 209 ff.
[32] Osc. Montelius a. a. O. 209 Fig. 51.
[33] Tischler, Schriften d. Phys. ök. Ges. XXIX. Sitzungsbericht 18 f. Königsberg. Almgren, Nordeuropäische Fibelformen (1897) 79 ff. Höfer, Korr. d. Gesamtver. 1904 Sp. 74. Seger, Korr. d. Gesamtver. 1907 Sp. 55 ff. Almgren, Svenska fornm. fören. tidskrift XI. Die Münzfunde bestätigen durchaus die Nachricht des Tacitus, dass nur die Grenzgermanen am Rhein römische Münzen, und zwar ausschliesslich republikanische, annahmen, dass aber die grosse Masse der Germanen nur Tauschhandel trieb.
[34] Willers, Die Bronzeeimer von Hemmoor 1901. Kossinna, Nachrichten über deutsche Altertumsfunde (1903) 54 ff. Willers, Jahrbuch des Provinzialmuseums zu Hannover (1906/07) 64 ff.
[35] Vgl. auch Höfer, Korr. d. Gesamtver. 1904 Sp. 75.
[36] Willers, Bronzeeimer von Hemmoor (1901) 202. Vgl. auch Lissauer, Zeitschrift für Ethnologie (1905) 593. Vgl. Höfer, Korr. d. Gesamtver. 1904 Sp. 75.
[37] Korr. d. Gesamtver. 1904 Sp. 75.
[38] Lissauer, Zeitschrift für Ethnologie (1905) 593. (Beide [Terranigra und italienische Terrasigillata] gehören der frühen Kaiserzeit an.)
[39] H. Dragendorff, Zeitschrift für Ethnologie (1906) 375.
[40] A. Götze, Nachrichten über deutsche Altertumsfunde (1900) 84.
[41] Korr. d. Gesamtver. 1904 Sp. 78.
[42] Zu diesem Abschnitt ist zu vergleichen (diesen Hinweis verdanke ich Herrn Professor Dr. Kossinna):
1. Burckhardt, Norddeutschland unter dem Einfluss römischer und frühchristlicher Kultur (Archiv für Kulturgeschichte III 1905); besonders aber:
2. Hoops, Waldbäume und Kulturpflanzen Kap. 14, wo überzeugend dargelegt wird, dass die wenigen angelsächsischen Lehnworte aus dem Latein, die vor das Jahr 400 n. Chr. fallen, überwiegend nicht in der nordwestdeutschen Heimat, sondern erst auf einer Zwischenstation beim Übergang nach England im III. und IV. Jahrhundert in den belgischen und nordfranzösischen Küstenstrichen übernommen worden sind.
[43] Fr. Seiler, Die Entwicklung der deutschen Kultur im Spiegel des deutschen Lehnwortes 2. Aufl. I. Halle 1905.
[44] Fr. Seiler a. a. O. 2.
[45] Fr. Seiler a. a. O. 1.
[46] S. 28 f.
[47] Fr. Seiler a. a. O. 26.
[48] Vgl. Anthes, Der gegenwärtige Stand der Ringwallforschung. Bericht der römisch-germanischen Kommission des Kaiserlichen Archäologischen Instituts (1906) 26 ff.
[49] Frontinus strateg. 1 8 10.
[50] Fr. Seiler a. a. O. 43.
[51] Siehe S. 42 f. dieser Arbeit.

⁵² Fr. Seiler a. a. O. 59.
⁵³ Siehe Taf. I Fig. 6 u. 7.
⁵⁴ Fr. Seiler a. a. O. z. B. 47.
⁵⁵ Fr. Seiler a. a. O. 89 f.; Seiler stützt sich hier einmal auf wirkliche Funde, aber nur auf solche aus römischen Niederlassungen.
⁵⁶ Fr. Seiler a. a. O. 55.
⁵⁷ Nass. Ann. XXXIII (1902/03). Die damaligen Bewohner Braubachs können nur Germanen gewesen sein.
⁵⁸ Nass. Ann. XXXIII Taf. I Fig. 48.
⁵⁹ Römische Geschichte V (1885) 3.
⁶⁰ Römische Geschichte V (1885) 4.
⁶¹ Vgl. dazu auch Delbrück, Geschichte der Kriegskunst II 1 (1901) 65.
⁶² Dio, 54 33 4 (Riese, Rhein. Germ. III 57): „ἣ δ τε Λουπίας καὶ ὁ Ἐλίσων συμμίγνυνται."
⁶³ Florus (IV 12) 2 30 26. Riese, III 64. „In Rheni quidem ripa quinquaginta amplius castella direxit."
⁶⁴ Florus (IV 12) 2 30 26. Riese, III 64. „Praeterea in tutelam provinciae praesidia atque custodias ubique disposuit per Mosam (Bergk, Amisiam; dazu Dahm, Feldzüge des Germanicus, Westd. Z. XI Ergänzungsheft) flumen, per Albin, per Visurgin." Vgl. Delbrück, Geschichte der Kriegskunst II 1 (1901) 63 Anm. 4.
⁶⁵ Gefässkunde. Bonn 1895.
⁶⁶ B. J. XCVI 1895; IC 1896.
⁶⁷ B. J. CI 1897.
⁶⁸ B. J. CXI/CXII 1904.
⁶⁹ Westfäl. Mitteilungen I—IV 1899 1901 1903 1905.
⁷⁰ Nass. Ann. XXXIV 1904. Nass. Mitteilungen 1906/07.
⁷¹ Nass. Ann. XXIX (1897/98) 115 ff.
⁷² Ritterling, Hofheim, Nass. Ann. XXXIV 1904.
⁷³ B. G. VII 63.
⁷⁴ Much, Deutsche Stammeskunde 78 f. Leipzig 1905 (Göschen). Vgl. über die Ubiersitze ausführlich: Kossinna, Korr. d. D. Ges. f. Anthr. (1896) 30 ff. und (1907) 58.
⁷⁵ Strabo, 4 3 4 p. 190. Tac. Germ. 28.
⁷⁶ Tac. hist. IV 87.
⁷⁷ B. J. CVII (1901) 111.
⁷⁸ B. Salin, Altgermanische Tierornamentik. Übersetzt von J. Mestorf, Stockholm 1904.
⁷⁹ Da die letzten Ausgrabungen gerade für die frühe Kaiserzeit neue und wichtige Ergebnisse zutage gefördert haben, so beschränke ich mich auf diese Periode.
⁸⁰ Wiesbaden. Nass. Ann. XXIX 1897/98. E. Ritterling und L. Pallat 115—169. Novaesium, B. J. CXI/CXII 1905. Nissen, C. Koenen, H. Lehner.
⁸¹ Westfäl. Mitteilungen I—IV 1899 1901 1903 1905.
⁸² Nass. Ann. XXXIV 1904. E. Ritterling.
⁸³ Stempelliste: Westfäl. Mitteilungen II (1901) 136 ff.; III (1903) 75 f.; IV (1905) 99 f.

[84] Ateius. Vgl. Nass. Ann. XXVII 39 ff. B. J. CI 22 ff. Westfäl. Mitteilungen II (1901) 141 ff.; III (1903) 77.
[85] Westfäl. Mitteilungen II (1901) 160 ff. Taf. XXXVIII Fig. 20; III (1903) 85 f.
[86] Dragendorff, Westfäl. Mitteilungen III (1903) 79.
[87] Westfäl. Mitteilungen II (1901) 165 (Abb.)
[88] Westfäl. Mitteilungen a. a. O. 164.
[89] Westfäl. Mitteilungen a. a. O. Taf. XXXVIII Fig. 16.
[90] Westfäl. Mitteilungen a. a. O. Taf. XXXVII Fig. 14 und 15.
[91] Westfäl. Mitteilungen a. a. O. 16 Abb. 1.
[92] Almgren, Nordeuropäische Fibelformen 1897 Fig. 242.
[93] Typus II.
[94] Ritterling, Nass. Ann. XXXIV (1904) 1—110 und Nachtrag 397—423. Nass. Mitteilungen 1906/07 Sp. 101.
[95] Ritterling, Nass. Ann. XXXIV (1904) 18.
[96] Nass. Ann. XXXIV 1904 Taf. VI 33 und 95 f.
[97] Nass. Ann. XXIX 1897/98.
[98] B. J. CXI/CXII 1905.
[99] Zeitschrift für Ethnologie (1905) 369—407.
[100] Vonderau, Pfahlbauten im Fuldatale. Fulda 1899.
[101] Bodewig, Vorrömische Dörfer in Braubach und Oberlahnstein. Nass. Ann. XXXIII 1902/03.
[102] Kossinna, Zeitschrift des Vereins für Volkskunde (1896) 9; Zeitschrift für Ethnologie (1905) 389; Korr. d. D. Ges. f. Anthr. (1907) 57—62.
[103] Frankfurt a. M. 1906 (Jos. Baer & Co.) S. 20.
[104] Abgedruckt B. J. LII (1872) 3 ff.
[105] B. J. CV (1900) 2 f.
[106] B. J. XLIV/XLV (1868) 87.
[107] Germania c. 27.
[108] Gefässkunde (1895) 116. Rheinische Geschichtsblätter II (1896) 255.
[109] Rheinische Geschichtsblätter I 1895 No. 2.
[110] Duisburger Programm 1881.
[111] Nachrichten (1893) 57. Dazu Schumacher, B. J. C (1896) 225.
[112] Für freundliche Unterstützung bin ich dem Herrn Museumsassistenten Bunde zu grossem Danke verpflichtet. Siehe auch Höfer, Korr. d. Gesamtver. 1904 No. 2 Sp. 72.
[113] Ergänzungsblätter zur Zeitschrift für Ethnologie 1893—1899.
[114] B. J. CV 1900: „Germanische Begräbnisplätze am Niederrhein".
[115] Um unnütze Wiederholung und Weitschweifigkeit zu vermeiden, verweise ich für die geradezu verwirrende Fülle von Einzelheiten auf obigen Bericht und beschränke mich hier auf das, was besonders typisch, für die Chronologie bedeutsam und als Ergänzung zu früheren Arbeiten unumgänglich notwendig ist.
[116] Duisburger Programm 1881. Rheinische Geschichtsblätter II (1896) 255. Nachrichten (1897) 5. B. J. CV (1900) 16 ff.; LII (1872) 12 ff.
[117] B. J. LII (1872) 13.
[118] B. J. a. a. O. 36 f.
[119] B. J. a. a. O. 36 f.
[120] Rheinische Geschichtsblätter I 1895 No. 2.

[121] Beiträge zur Geschichte des Niederrheins IV 4.
[122] Rheinische Geschichtsblätter I 1895 No. 2.
[123] Rheinische Geschichtsblätter I 1895 No. 2 S. 61.
[124] Schneider, Beiträge zur Geschichte des Niederrheins III (1888) 4.
[125] Rheinische Geschichtsblätter I 1895 No. 2 S. 61. B. J. LXXXV (1888) 150.
[126] Monatschrift des Vereins für Geschichte und Altertumskunde (1881) 20. Düsseldorf 1881. B. J. LXXXV (1888) 150; LXXIV (1882) 183 f.
[127] Monatschrift des Vereins für Geschichte und Altertumskunde (1881) 22.
[128] Beiträge zur Geschichte des Niederrheins IV (1890) 3.
[129] Beiträge zur Geschichte des Niederrheins a. a. O. 2. Historisches Museum in Düsseldorf.
[130] Ebenda.
[131] Beiträge zur Geschichte des Niederrheins a. a. O. 2 und 3.
[132] Beiträge zur Geschichte des Niederrheins a. a. O. 3 und 4. Für No. 17 bis 21 gilt die Bemerkung zu 5—10.
[133] B. J. V VI (1844) 406. Beiträge zur Geschichte des Niederrheins IV 2. Anm. 12.
[134] Beiträge zur Geschichte des Niederrheins IV (1890) 2.
[135] Nachrichten (1894) 42 (1895) 23. B. J. CV (1900) 15; CVII (1901) 235 f.; LII (1872) 178.
[136] B. J. CV (1900) 16.
[137] Nachrichten (1899) 30 (1894) 43.
[138] Nachrichten (1894) 41. B. J. CV (1900) 15.
[139] Nachrichten (1898) 1 (1895) 25 (1894) 40.
[140] Nachrichten (1894) 38 (1895) 22 (1897) 2.
[141] Nachrichten (1894) 38 (1899) 30.
[142] Nachrichten (1896) 6 f.
[143] B. J. CV (1900) 9.
[144] B. J. LII 1872.
[145] B. J. CV (1900) 10.
[146] B. J. LXXXIV (1887) 265.
[147] B. J. a. a. O. 265/266.
[148] B. J. LXXIX (1885) 285.
[149] Nachrichten (1896) 8. B. J. CV (1900) 10 ff.
[150] B. J. CV (1900) 11.
[151] B. J. LII (1872) 63.
[152] B. J. CV (1900) 6. Nachrichten (1894) 36 (1895) 23.
[153] Nachrichten (1894) 37. Dazu S. 53 dieser Arbeit.
[154] B. J. XLV (1868) 87. Prähistorisches Museum Köln.
[155] Nachrichten (1894) 36 (1895) 23. B. J. CV (1900) 7 f.
[156] B. J. LII (1900) 177; CV (1900).
[157] B. J. XX (1853) XXII (1855) IX (1846) XLV (1868).
[158] Prähistorisches Museum zu Köln.
[159] B. J. LXXII (1882) 89/90; CV (1900) 20. Nachrichten (1899) 30.
[160] B. J. IX (1846) 36; CV (1900) 18 f. Nachrichten (1896) 8.
[161] Nachrichten (1896) 9.
[162] B. J. CV (1900) 20.
[163] B. J. a. a. O. 7.

[164] B. J. CVII (1901) 235.
[165] B. J. LII (1872) 16.
[166] Nachrichten (1894) 38.
[167] B. J. LXXII (1882) 88.
[168] B. J. LII (1872) 16.
[169] Nachrichten (1896) 9.
[170] Rademacher, B. J. CV (1900) 25 ff.
[171] Rheinische Geschichtsblätter I 1895 No. 2 S. 63.
[172] B. J. CV (1900) 26.
[173] B. J. LXXII (1882) 88.
[174] B. J. LII (1872) 177 f.
[175] B. J. LXXII (1882) 88.
[176] B. J. CV (1900) 14.
[177] B. J. a. a. O. Taf. I.
[178] B. J. a. a. O. 28; LXXII (1882) 89/90; LII (1872) 16 Anm. 1. Gubitz' Volkskalender (1845) 143. B. J. XLV (1868) 87.
[179] A. Magnus, hist. g. sept. XVI c. 37.
[180] Rademacher, B. J. CV (1900) 12 und 28.
[181] Rheinische Geschichtsblätter I 1895 No. 2 S. 63. B. J. CV (1900) 28.
[182] B. J. CV (1900) 28.
[183] B. J. LII (1872) 17.
[184] B. J. CVII 1901. Hügel 3: Urne Fig. 15, bedeckt mit Teller Fig. 17.
[185] Nachrichten (1898) 6. Hügel XXIII.
[186] B. J. LII (1872) 18.
[187] B. J. LXXII (1882) 89/90.
[188] B. J. CV (1900) 21.
[189] Nachrichten (1897) 7.
[190] B. J. CV (1900) 21.
[191] Westfäl. Mitteilungen II 1901 Taf. XXXVIII Fig. 20. Profile: Taf. XXXVI 27 ff. Dazu Ritterling, S. 160 ff. (ebenda).
[192] B. J. XCVI (1895) 18—155.
[193] Mittlerweile ist die Sammlung als Bestandteil des Prähistorischen Museums der Öffentlichkeit übergeben worden.
[194] B. J. LII IV V (1872) 22.
[195] B. J. LII (1872) 23.
[196] Duisburger Programm (1881) 53. B. J. CV (1900) 43.
[197] B. J. CVII (1901) 235 ff. Hügel 1: Urne Fig. 13.
[198] B. J. LII IV V (1872) 18.
[199] B. J. LXXXIV (1887) 266.
[200] Nachrichten 1894. Hügel I 37.
[201] B. J. CV (1900) 15. Nachrichten (1895) 27 f.
[202] Nachrichten (1895) 23; 1898 Hügel VI 3; 1897 Hügel 16 4.
[203] B. J. LXXVIII (1884) 178 ff.
[204] Nachrichten 96. Hügel II 7.
[205] Nachrichten (1899) 30.
[206] Koenen, Gefässkunde 1895 Taf. XIX 1 2 3. Rautert, Rheinische Geschichtsblätter 1895 No. 2 I. Jahrgang S. 65 Fig. 1 2 3.

[207] Taf. I Fig. 1 3 4.
[208] Duisburger Programm 1881 Taf. III 6—8. B. J. LII (1872) IV V Fig. 11.
[209] Taf. I Fig. 2.
[210] Taf. I Fig. 5.
[211] Taf. I Fig. 6.
[212] Taf. I Fig. 7.
[213] Taf. I Fig. 8.
[214] B. J. LXXII (1882) 88/89.
[215] B. J. CV 1905 Taf. II Fig. 1; Taf. III Fig. 8; 1900 Taf. II Fig. 26.
[216] B. J. CV Taf. II Fig. 27.
[217] B. J. a. a. O. Fig. 16 17 18 19 20.
[218] B. J. CV Fig. 18 und 20 auf Taf. III. Heumar, Nachrichten 1897. Hügel XVIII 4 f.; Hügel XVII 4.
[219] B. J. CV 1900 Taf. III 33.
[220] B. J. a. a. O. Taf. II Fig. 33.
[221] B. J. a. a. O. 30—40.
[222] Taf. I Fig. 9.
[223] Rheinische Geschichtsblätter I (1895) 9 Fig. 5.
[224] Genthe, Duisburger Programm 1881.
[225] Lehner, Veröffentlichungen der Gesellschaft für nützliche Forschungen zu Trier 1882—1893. Trier 1894.
[226] Baldes, Birkenfelder Programm 1905.
[227] Frankfurt a. M. (1906) 16.
[228] Archiv f. Anthr. N. F. III (1905) 233—282.
[229] B. J. CVII (1901) 236. Hügel No. 3.
[230] B. J. CVI (1901) 221.
[231] B. J. CVII (1901) 236 Fig. 15.
[232] B. J. a. a. O. 236 Fig. 18.
[233] B. J. CVI (1901) Taf. II Fig. 8 u. 9.
[234] B. J. a. a. O. Fig. 1.
[235] B. J. a. a. O. 74.
[236] Das Kerbschnittgefäss von Vlodrop ist selbstverständlich älter.
[237] Jetzt im Prähistorischen Museum zu Köln.
[238] Montelius, Tidsbestämning Taf. VI Fig. 133.
[239] Freundliche Mitteilung des Herrn Professor Dr. Averdunk.
[240] Koenen, B. J. LXXXV (1888) 150.
[241] Beiträge zur Geschichte des Niederrheins IV (1890) 6.
[242] Taf. I Fig. 1.
[243] Taf. I Fig. 4.
[244] Taf. I Fig. 3.
[245] B. J. CV (1900) Taf. III 33 35; VI 24.
[246] S. 47.
[247] S. 53.
[248] Baldes, Birkenfelder Programm 1905 Taf. IV 19.
[249] Lehner, Jahresbericht der Gesellschaft für nützliche Forschungen zu Trier 1882—1893 Taf. III 24 25 30 Taf. VI 8. Trier 1894.
[250] S. 46.

— 88 —

²⁵¹ Koenen, Gefässkunde 1895 Taf. IV Fig. 1.
²⁵² Quilling, Die Nauheimer Funde 1903 Fig. 24 29 30 32 33 38 104 106 110 124 142 148.
²⁵³ B. J. CV Taf. II 13 14 16—20; Taf. III 1 2 3 4 5 6 7—16 22—25.
²⁵⁴ Dazu Dragendorff, Westfäl. Mitteilungen III (1903) 94.
²⁵⁵ Provinzialmuseum Hannover.
²⁵⁶ Sammlung des Herrn A. Jenge, Ülzen.
²⁵⁷ Sammlung des Herrn Busse, Woltersdorfer Schleuse bei Erkner.
²⁵⁸ Hostmann, Darzau 1874 Taf. VI 50
²⁵⁹ Museum für Völkerkunde in Berlin.
²⁶⁰ Götze, Nachrichten (1900) 39 ff. Fig. 12. Museum für Völkerkunde II b. 2 500.
²⁶¹ Sammlung des Herrn Busse, Woltersdorfer Schleuse bei Erkner.
²⁶² Osc. Rautert, Das germanische Gräberfeld auf der Golzheimer Heide und einige germanische Begräbnisplätze in der Umgegend von Düsseldorf 1884. Den Sonderabdruck dieses Vortrages verdanke ich der Liebenswürdigkeit Koenens; Osc. Rautert, Germanische Funde und ein germanisches Gräberfeld in Düsseldorf. Rheinische Geschichtsblätter I No. 2. Düsseldorf 1895. Schneider, Picks Monatsschrift I (1875) 98; Beiträge zur Geschichte des Niederrheins III 1888 (Jahrbuch des Düsseldorfer Geschichtsvereins III 4). Koenen, B. J. LXXIV (1882) 183; LXXXV (1888) 149/150 ff.
²⁶³ Rheinische Geschichtsblätter I 1895 No. 2 S. 67.
²⁶⁴ Die in Düsseldorf vorhandene Münze ist ein Denar von der Form Cohen I p. 69 No. 42, also gegen 2 v. Chr. geprägt. (Freundliche Mitteilung des Herrn Dr. Weynand.)
²⁶⁵ B. J. LXXIV (1882) 183. Rheinische Geschichtsblätter I 1895 No. 2 S. 67.
²⁶⁶ Rheinische Geschichtsblätter 1 1895 No. 2 Fig. 1—7 9—12.
²⁶⁷ Rheinische Geschichtsblätter I 1895 No. 2 S. 61.
²⁶⁸ Zeitschrift des Düsseldorfer Geschichtsvereins 1 (1881) 20 f. Beiträge zur Geschichte des Niederrheins IV (1890) 6. B. J. LXXIV (1882) 183 f.; LXXXV (1884) 150 f.
²⁶⁹ B. J. LXXIV (1882) 183.
²⁷⁰ z. B. Hostmann, Darzau Taf. VI Fig. 55.
²⁷¹ Darzau (Museum Hannover). Fohrde (Museum für Völkerkunde, Berlin). Giessen (Museum in Giessen).
²⁷² Ich sah diese Fussurne bei Herrn Direktor Rademacher, Krefeld. Jetzt befindet sie sich im Prähistorischen Museum zu Köln.
²⁷³ B. J. LXXIV (1882) 184.
²⁷⁴ B. J. LII (1872) VI VII 38. Duisburger Programm 81 Taf. II Fig. 24.
²⁷⁵ B. J. a. a. O. 39. Duisburger Programm 81 Taf. II Fig. 22.
²⁷⁶ Bericht des Kaiserlichen Archäologischen Instituts (1905) 20.
²⁷⁷ Prähistorisches Museum zu Köln, Grab 4.
²⁷⁸ Grab 32.
²⁷⁹ Prähistorisches Museum zu Köln.
²⁸⁰ Freundliche Mitteilung des Herrn Koenen.
²⁸¹ Bauernschaft Köckelsum, Amt Olfen, Kreis Lüdinghausen, östlich von Haltern.

[282] Jahresbericht der Gesellschaft für nützliche Forschungen 1882—1893 S. XXIV. Trier 1894.
[283] Westfäl. Mitteilungen III (1903) 91.
[284] Westfäl. Mitteilungen a. a. O. 92.
[285] Westfäl. Mitteilungen a. a. O. 92.
[286] Vonderau, Pfahlbauten im Fuldatale. Fulda 1899. G. Wolff, Nass. Ann. XXXII (1901) 9 f. Anm. 27.
[287] Westfäl. Mitteilungen III IV 1903 1905.
[288] B. G. IV 4.
[289] Kossinna, Zeitschrift des Vereins für Volkskunde (1896) 9; Zeitschrift für Ethnologie (1905) 389; Korr. d. Ges. f. Anthr. usw. (1907) 58; Beiträge zur Geschichte der deutschen Sprache XXVI (1901) 282 f. Schumacher, Bericht des Archäologischen Instituts (1905) 25. Götze, Korr. d. Gesamtver. 1904 No. 2 Sp. 67.
[290] Hügelgräber, dieselben Gefässformen, dieselbe Technik.
[291] Die Brandgräber, die man bisher der Gefässformen wegen der Hallstatt- oder der frühen La Tène-Zeit zuschrieb, sind jünger.
[292] Einflüsse von Massilia her.
[293] So erklärt sich auch die S. 53 erwähnte Erscheinung.
[294] Ich hatte ursprünglich die Absicht, diesen Punkt ausführlich zu begründen. Da die eingehende Beweisführung jedoch gar zu viel Raum beansprucht, denke ich sie als besondere Arbeit bald nachfolgen zu lassen.
[295] B. G. II 4. Über die weiteren hier in Betracht kommenden Stellen vgl. Kossinna, Der Ursprung des Germanennamens. (Beiträge zur Geschichte der deutschen Sprache und Literatur 1895.)
[296] Germ. 28.
[297] S. 194.
[298] Beiträge zur Geschichte der deutschen Sprache und Literatur XX (1895) 273.
[299] Deutsche Geschichte I 73 ff.
[300] Deutsche Altertumskunde II. Kossinna a. a. O. 273.
[301] Kossinna a. a. O. 271.
[302] Anzeiger für deutsches Altertum XVI (1890) 31.
[303] Siehe Kossinna, Beiträge usw. XX (1895) 274.
[304] Korr. d. D. Ges. f. Anthr. usw. (1904) 136.
[305] Beiträge zur Geschichte der deutschen Sprache XX (1895) 294 ff.
[306] Beiträge zur Geschichte der deutschen Sprache XXVI (1901) 282 f.
[307] Kloster Kamp, B. J. LII (1872) 37. Duisburg, Kalbeck; Heumar, Pfalzdorf, B. J. CV (1900) 21.
[308] Müllenhoff, Deutsche Altertumskunde IV (1900) 380. Schweizer-Sidler (1902) 52. Seneca de brevit. vitae c. 20, 4. Plin. hist. nat. 33, 135.
[309] Schweizer-Sidler 52. Müllenhoff, D. A. IV (1900) 381. Jakob Grimm, Über das Verbrennen der Leichen. Abhandlung der Akademie der Wissenschaften (philosophisch-historische Klasse) zu Berlin (1850) 216.
[310] Schweizer-Sidler a. a. O. 52. Siehe auch Müllenhoff, D. A. IV (1900) 381.
[311] Schweizer-Sidler a. a. O. 52.
[312] Pič, Die Urnengräber Böhmens 1907. Hostmann, Darzau 1874.
[313] Thurn, Morsbach, Dünnwald, Hees, Altenrath.

³¹⁴ Zur Geschichte des römischen Heeres in Gallien unter Augustus. B. J. CXIV (1906) 160 ff.
³¹⁵ Martinsberg bei Andernach, B. J. LXXXVI (1889) 219 4 VIII. Urmitz, B. J. CIV (1899) IX und 50 ff.; CVII (1901) 27; CXIV/CXV (1906) 478. Neuendorf bei Koblenz, B. J. CVII 77.
³¹⁶ Rheinische Geschichtsblätter I 64 Anm.
³¹⁷ Plin. n. h. IV 99 mit den wohl richtigeren Formen: Ingvaeones, Istvaeones. R. Much, Deutsche Stammeskunde (1905) 70. Schweizer-Sidler, Tac. Germ. 6.
³¹⁸ Much a. a. O. 70. Schweizer-Sidler 6.
³¹⁹ Wie weit diese Kultur nach Osten hin reicht, müssen spätere Untersuchungen ergeben. Nach meinen Beobachtungen gehört auch selbst das Cheruskerland teilweise noch demselben Kulturkreis an.
³²⁰ Sugambrer, Marsen.
³²¹ Germ. 6.
³²² Vgl. hierzu schon O. Tischler, Phys. ök. Schriften 1884.
³²³ Provinzialmuseum Hannover.
³²⁴ Auf die Ingvaeonen gehe ich hier absichtlich nicht ein.
³²⁵ Kossinna, Vortrag (Strassburger Anthropologenkongress) 1907: Über germanische Mäanderurnen, Korr. d. D. Ges. f. Anthr. (1907) 166; Zeitschrift für Ethnologie (1905) 392 ff.
³²⁶ Genthe, Duisburger Programm 1881. Hostmann, Darzau 1874.
³²⁷ Dragendorff, Mitteilungen des Oberhess. Gesch. Ver. (1905) 15. G. Wolff, Westd. Z. XVIII (1899) 211 ff.
³²⁸ Bericht des Kaiserlichen Archäologischen Instituts (1905) 21.
³²⁹ Die geringfügigen Uferstriche (prata legionis u. dgl.) kommen hier nicht in Betracht. Siehe dazu auch tegularia transrhenana. Lehner, B. J. CXI/CXII (1904) 291 ff.
³³⁰ Römische Geschichte V 116.
³³¹ Dragendorff, Westfäl. Mitteilungen III (1903) 92.
³³² B. J. XCVI (1895) 89.
³³³ Vgl. hierzu auch Dragendorff, Westfäl. Mitteilungen III (1903) 94 und B. J. CII (1898) 164. (Besprechung der Arbeit von Osk. Hölder: Formen der römischen Tongefässe diesseits und jenseits der Alpen. Stuttgart 1897.) Vgl. dagegen auch Poppelreuter, B. J. CXIV/CXV (1906) 348 u. Anm. 1.
³³⁴ Die Veröffentlichung der Bonnetschen Fundberichte (Duisburg) wäre sehr wünschenswert.
³³⁵ Ein guter, vielversprechender Anfang ist gemacht worden „am dicken Stein" bei Troisdorf (Prähistorisches Museum in Köln).
³³⁶ Studien über nordeuropäische Fibelformen 22. Stockholm 1897.
³³⁷ Der Urnenfriedhof von Darzau in der Provinz Hannover 63. Braunschweig 1874.
³³⁸ Ostpreussische Gräberfelder (Schriften der Phys. ök. Gesellschaft zu Königsberg XIX (1878) 211 f. 222. Gewandnadeln (Beiträge zur Anthropologie und Urgeschichte Bayerns IV 68 f. 80. München 1881.
³³⁹ Zeitschrift des historischen Vereins für Niedersachsen (1873) 327 f.
³⁴⁰ Studien über nordeuropäische Fibelformen 118.
³⁴¹ Hostmann, Darzau 60 f.

[342] Römisches Schöpfgefäss mit Sieb. Fabrikstempel: P.CIPI:POLIBI:
[343] Montelius, Den nordiska jernalderns kronologi. Svenska fornm. fören. tidskrift IX (1886) 198.
[344] Montelius a. a. O. 26.
[345] Almgren 26 und Anm. 1. Koenen, B. J. 86.
[346] Almgren, Fig. 18.
[347] Almgren, Fig. 44.
[348] Pič, Die Urnengräber Böhmens 1907.
[349] Herr Professor Dr. Kossinna war so freundlich, mir seine Notizen und Zeichnungen der Funde dieses Gräberfeldes zur Verfügung zu stellen; ihm verdanke ich die Kenntnis der Sondershausener Augenfibeln.
[350] Almgren, 45 (mit Schlitzen). Taf. II Fig. 1 dieser Arbeit.
[351] Etwa 1:5.
[352] B. J. CXI/CXII (1904) 389. Novaesium, B. J. CXI/CXII. Lehner 249. Nennenswerte Besiedlung frühestens in der Regierungszeit des Tiberius; S. 250: Entweder ziemlich dürftige Besiedlung während der ganzen Zeit des Tiberius oder eine erst in der letzten Hälfte der Regierung des Tiberius erfolgte starke Besiedlung. Nissen, seit 25—30 n. Chr. Siebourg, seit 17 n. Chr. Ritterling, seit 40 n. Chr. B. J. CXI/CXII 9 und Anm. 9.
[353] Ritterling, Nass. Ann. XXXIV (1904) 23.
[354] Briefliche Mitteilung des Herrn Direktor Professor Dr. Ritterling. Inv.-No. 18228.
[355] Almgren 24.
[356] Ich kenne nur noch ein derartiges Exemplar: Montelius a. a. O. 195 Fig. 31.
[357] Strack, B. J. CXI/CXII (1904) 424. Vgl. auch Nissen, B. J. CXI/CXII 7.
[358] Herr Fabrikbesitzer Heinrich Sels gestattete mir freundlichst, seine Sammlung eingehend zu besichtigen und an Material zu veröffentlichen, was die Zwecke dieser Arbeit fördern könnte, wofür ich ihm auch an dieser Stelle meinen wärmsten Dank ausspreche.
[359] Taf. II Fig. 1.
[360] Almgren 22.
[361] Almgren 23.
[362] Die Abbildungen Fig. 2 u. 3 verdanke ich der Liebenswürdigkeit des Herrn Privatdozenten Dr. Hahne, Hannover.
[363] Römisch-germanisches Museum zu Haltern. Inv.-No. 1904, 190.
[364] S. 88 No. 4 und Taf. XIX Fig. 3.
[365] Siehe auch Krüger, Westfäl. Mitteilungen IV (1905) 88. Eine neue Abbildung dieser Fibel (Taf. II Fig. 5) verdanke ich Herrn Professor Dr. Dragendorff.
[366] Westfäl. Mitteilungen IV (1905) 88.
[367] Westfäl. Mitteilungen a. a. O. 76 Anm. 1.
[368] Herrn Professor Dr. Dragendorff verdanke ich die Kenntnis und auch die Abbildung dieser Fibel (Taf. II Fig. 6).
[369] Die Kenntnis des damals noch nicht ausgestellten Fundes verdanke ich der Liebenswürdigkeit des Herrn Museumsdirektor Dr. Lehner.
[370] Etwa Almgren 50.
[371] Freundliche Mitteilungen des Herrn Direktor Dr. Lehner.

[372] Almgren a. a. O. 25 f u. 26 Anm. 1.
[373] Almgren 51 u. 52.
[374] Almgren 53.
[375] Almgren a. a. O. 27.
[376] Nass. Mitteilungen 1906/07 Sp. 101. Tac. Ann. 12, 27.
[377] Almgren 117. Herr Professor Dr. Kossinna war so freundlich, mir mitzuteilen, dass in einer ganzen Reihe von Museen Ostfrankreichs die Augenfibel überhaupt nicht vorhanden sei.
[378] Hostmann, Der Urnenfriedhof von Darzau. Braunschweig 1874.
[379] Hostmann a. a. O. 3.
[380] Hostmann a. a. O. 4.
[381] Hostmann a. a. O. 5.
[382] Svenska fornm. fören. tidskrift IX 198.
[383] Geschichte der Kriegskunst II 1 (1901) 26 u. 40 f.
[384] Vgl. dazu Delbrück, Geschichte der Kriegskunst II 1 (1901) 88 ff.

www.ingramcontent.com/pod-product-compliance
Lightning Source LLC
Chambersburg PA
CBHW021957290426
44108CB00012B/1110